AF433925

Docencia Virtual

Fernando Jafer Bárbara Rodríguez

Octubre, 2019

Este libro fue arbitrado por:

- o Dra. Adriana Lucena de Ciafre: Profesora Titular de la Universidad Pedagógica Experimental Libertador Instituto Pedagógico "Luis Beltrán Prieto Figueroa. Barquisimeto. Venezuela.
- o Dr. Douglas Barráez: Docente Titular de la Universidad Fermín Toro. Cabudare. Venezuela.
- o Dr. Jesús León Subero: Docente Titular, Coordinador del Post-Doctorado Estudios Libres. Universidad Fermín Toro. Cabudare. Venezuela.
- o Dra. Nora Panza: Docente Titular, Directora de formación Docente de la Universidad Fermín Toro. Cabudare. Venezuela.
- o Dra. Leidy Hernández, Directora General de Investigación de la Universidad Fermín Toro. Cabudare. Venezuela.

© **Fernando Jafer Bárbara Rodríguez, 2019**
fernandojafer@gmail.com

VERSIÓN IMPRESA
Deposito Legal No.: LA2019000096
ISBN: 978-980-18-0750-6

VERSIÓN DIGITAL
Deposito Legal No.: LA2019000097
ISBN: 978-980-18-0751-3

CRÉDITOS:
Diseño de Portada: Rubén Acosta, acostaruben88@gmail.com.
Diagramación: Fernando Jafer Bárbara Rodríguez.
Traducción: Raúl París Bruni.

PRIMERA EDICIÓN 2019

A todos mis alumnos y tutoreados:
Fuentes de inspiración para una educación de calidad.

Para mi madre Yanex:
Pilar fundamental de mi vida.

Para mi amada Venezuela:
Tierra que pare libertadores.

Presentación

Con esta obra, podemos demostrar que la educación se debe adaptar al paso de la tecnología, entendiéndose con ello, que no queremos sustituir al docente como el integrante más importante en el proceso de aprendizaje, sino que queremos que los dos participantes en la educación, profesor y alumno, se compenetren con el proceso tecnológico que atraviesa el mundo actualmente.

En este caso, Fernando Bárbara resalta la importancia de la Educación Virtual en el contexto de la "educación como un todo", ofreciéndonos las herramientas que nos ayudarán a darle el sitial que se merece esta novedosa tecnología de educación, que lejos de separarnos del profesor, nos acerca con más libertad y confianza, ya que el alumno no estará obligado a movilizarse al aula donde se imparte la clase, sino que lo podrá hacer desde el sitio que le brinde más comodidad tanto física como de total relax.

Sin embargo, este novedoso sistema de educación, no libera al alumno del cumplimiento de sus responsabilidades como estudiante, ni lo hace menos preparado intelectualmente en el área que desarrolla, todo lo contrario, lo hace más responsable y más investigativo y por consiguiente será un profesional tan o más preparado, como si recibiera las pautas en el aula de clases.

La intención de Fernando Bárbara está dirigida principalmente a la adecuación de la educación en el campo tecnológico, donde el profesor debe prepararse para impartir clases a través de los sistemas modernos de tecnología y el alumno debe también estar preparado para

ISBN: 978-980-18-0750-6

recibirlas y ambos saber darle la importancia que debe alcanzar la Docencia Virtual.

Rafael Martínez Campoblanco
Doctor en Educación
CEO EduProject

ISBN: 978-980-18-0750-6

Prólogo

Vivimos en un mundo dinámico, cambiante y cada vez más global, esta frase implica que la sociedad en la que vivimos día a día enfrenta transformaciones y cambios en función de sus necesidades en todas las áreas que la componen. La transformación digital sin duda ha marcado un hito dentro de las instituciones de educación en todos los niveles, los procesos de globalización y la mundialización se manifiestan como elementos vitales emergentes que hacen posible que la tecnología se optimice y se reinvente de manera constante en una relación de tiempo – espacio difícil de cuantificar. Esto nos inscribe irreversiblemente en un fenómeno de inmersión tecnológica que se integra en todas las áreas de nuestra cotidianidad.

La manera en que el hombre actual desarrolla particularmente las competencias tecnológicas y cómo las incorpora en su práctica cotidiana, lleva a clasificar a la sociedad en nuevos grupos donde se evidencian nativos digitales, inmigrantes y náufragos.

Estos tres grandes grupos de individuos pueden relacionarse en un contexto educativo y social ya que existe una influencia de la tecnología como fenómeno social – global; en este sentido, los procesos de enseñanza aprendizaje no escapan a esta realidad. Hay que tener claro que el avance tecnológico es dinámico y no se detiene, que debemos centrarnos en pensar sí existe una cultura de cambio o niveles de motivación que realmente permitan ver la esencia del fenómeno tecnológico, como un factor

ISBN: 978-980-18-0750-6

de la cotidianidad humana, en aras de satisfacer las necesidades educativas y sociales del hombre actual.

En el caso del ámbito educativo, debe asumirse un nuevo rol que permita el manejo de las tecnologías de la comunicación e información (TIC), bajo diferentes enfoques y en esta obra se destacan los principales elementos así como los actores involucrados y procesos que permiten la preparación, la implementación, la gestión y la evaluación de sistemas educativos no tradicionales permitiendo o dando cabida a modalidades emergentes como el E-learning y el Blended learning desde la perspectiva de la docencia virtual

Es importante abordar la perspectiva del docente virtual, sin embargo, también es importante conocer las características del estudiante bajo estos nuevos paradigmas, así como también identificar metodologías, procesos y experiencias tal como lo es la metodología PACIE que se aborda a detalle en este texto.

El conocer los elementos de la Docencia Virtual es un gran paso que permitirá sin duda evolucionar hacia una cultura organizacional educativa que le permita a la sociedad del conocimiento estar abierta a la incorporación del fenómeno tecnológico en el referido ámbito, a través del desarrollo de sus habilidades pedagógicas frente a la tecnología.

Por esta razón, el ámbito educativo del siglo XXI es, sin lugar a dudas, un escenario histórico social fundamental que tiene integrarse a la evolución que trae consigo el fenómeno de la tecnología. En este siglo, se definen nuevos roles sociales para quienes tienen la tarea de impartir conocimiento, y para quienes deben construirlo desde la academia de la educación.

ISBN: 978-980-18-0750-6

En virtud de esta concepción educativa expresada por la UNESCO, se demanda que las instituciones educativas evalúen y enfrenten el fenómeno del "desenfreno tecnológico" que vive la sociedad, en atención a propiciar una adecuada gestión del conocimiento en el contexto histórico de lo que algunos han caracterizado como tiempos de hipermodernidad, a fin de consolidar una visión educativa que no desvirtúe la idea de que el individuo deberá continuar siendo el centro en los procesos de formación y es allí donde cobra mayor importancia la redefinición del rol del docente.

La presente obra sin duda constituye un referente conceptual para identificar elementos claves que nos permitan entender el fenómeno de la transformación digital aplicada al ámbito educativo y desde la visión del docente virtual.

Dr. Juan Carlos Molina
Director UAI Online
Universidad Adolfo Ibáñez, Chile

ISBN: 978-980-18-0750-6

Introducción

La docencia abarca un mundo amplio de la educación, para que la misma se pueda dar, deben estar los protagonistas fundamentales del proceso de enseñanza-aprendizaje, quienes desde la visión operativa serían: 1) el Estudiante, es sin duda el motor de la docencia, siendo éste el impulsor del proceso, al ser el demandante del conocimiento. 2) El Docente, con su experiencia, conocimiento y dominio de las técnicas educativas sería el transmisor del conocimiento. 3) El Aula, caracterizado por ser un espacio idóneo para la interacción entre el estudiante y el docente. 4) El conocimiento en sí, es lo transmitido del docente al estudiante, que se caracteriza por estar estructurado y satisfacer la demanda de conocimiento del estudiante y que posee el docente.

Existen otros factores como son, la institución de educación y el canal de comunicación, el primero es el responsable del proceso en sí, bajo los entandares aprobados por un ente rector, se convierte en el albacea de la docencia; y el segundo, donde en los últimos tiempos se ha jugado un papel protagónico, puesto que se plantea un nuevo canal de comunicación para la educación a distancia denominado el internet, el mismo permite llevar de forma casi instantánea la educación a cualquier parte del mundo, no olvidemos que la educación de modo presencial ha sido la protagónica desde los inicios del tiempo humano, donde el hombre transmitía sus conocimientos de generación a generación con la palabra activa, ahora, con la aparición de la red de redes

ISBN: 978-980-18-0750-6

denominada internet, esas memorias que había pasado a la palabra escrita, se llevan más lejos con la digitalización, adentrando la educación en el mundo virtual.

Gestionar por parte del docente las aulas virtuales va más lejos que solo dirigir al estudiante en su afán de aprender, llevándolo a comprender el proceso en sí mismo de investigar, basándose en las herramientas tecnológicas que a inicios de siglo XXI cuenta el hombre, trabajando desde la virtualidad en un mundo globalizado e interconectado, donde en cuestión de milésimas de segundo una información recorre el mundo entero. No se puede olvidar la aplicación que se le ha dado a las redes sociales en favor de la educación virtual, su aplicabilidad, por las características propias han dado un sinfín de posibilidades en el mundo educativo.

No es descabellado afirmar que la presente obra será un referencial para todo aquel que busque respuesta a sus interrogantes sobre la educación virtual, los actores conformantes y el proceso de gestión académica desarrollada en las aulas virtuales soportados en los sistemas de gestión de aprendizaje; pudiendo ser una guía conceptual, contextual y vivencial, ayudando así, e a crear un criterio propio, recorriendo sus páginas y deleitándose con lo plasmado en ellas. Para transitar el mundo de la virtualidad, debemos tener antes muy claro el mundo de la presencialidad, no inventar los ya inventado, no pretender aplicar en lo virtual lo que se aplica en lo presencial, la docencia es única, no obstante, son dos mundos totalmente diferentes, los cuales responden a leyes diferentes con actores propios y momentos particulares.

ISBN: 978-980-18-0750-6

Tabla de Contenido

ISBN: 978-980-18-0750-6

ISBN: 978-980-18-0750-6

Tabla de Ilustraciones

ISBN: 978-980-18-0750-6

Capítulo 1

Incorporación del Estudiante Virtual

El ser humano ha usado su razón para evaluar la mejor manera de alcanzar un determinado objetivo, esta facultad es la que lo coloca como la especie dominante del planeta, perpetuando el conocimiento individual y colectivo por varios medios.

Encontramos varios miembros indispensables en el proceso de enseñanza aprendizaje, el principal es el estudiante, sin este no existe como tal el proceso, puesto que, si no hay estudiantes, a pesar que se tenga al profesor (experto del contenido) y al contenido (lo que se desea impartir) y al aula (espacio de intercambio de saberes), no hay demanda de conocimiento. Esto se debe tener siempre en cuenta y no olvidar, que él es el que crea la necesidad de aprender, que es cubierta por el profesor, por lo tanto, un profesor no podrá llamarse como tal si no existe un estudiante.

Un estudiante debe estar consciente de su rol en el proceso de enseñanza – aprendizaje, sabiendo que todos los conocimientos adquiridos serán aplicados por él en el futuro; debe hacer la escogencia de su centro de estudio o universidad, atendiendo a sus criterios de selección, escoger su carrera por vocación y la modalidad de estudio por comodidad o facilidad de acceso, esto último (modalidad de estudio), debe ser siempre potestad del estudiante y no una imposición de la institución de educación.

ISBN: 978-980-18-0750-6

La Generación "NET" como la llamó Tapscott en el año 1998, a las personas nacidas en la década de los 80, resaltando su nueva forma de pensar y su habilidad con el mundo tecnológico es el inicio a los denominados nativos tecnológicos, ellos poseen una habilidad nativa para el manejo de la tecnología que los lleva a estar muchas veces por delante de sus profesores en esta área, la figura del estudiante ha cambiado desde entonces, conllevando a las instituciones y a los docentes a cambiar también, para cubrir las necesidades de sus estudiante.

Pedro (2006), quien sigue a Prensky (2001), afirma que el desarrollo de las competencias intelectuales y de las capacidades cognitivas de esta generación, transforma la forma de pensar y procesar la información.

Es importante aclarar que un estudiante presencial no tiene las mismas competencias iniciales que un estudiante virtual, podrán tener competencias en común, como son el deseo de aprender, su postura como investigador, entre otras; pero existen competencias propias del estudiante virtual, como son el dominio de las herramientas tecnológicas que aplicará en su proceso de formación, el acceso al internet como canal de comunicación y muy importante, el dominio de la plataforma tecnológica o aula virtual donde estará compartiendo con sus iguales y el facilitador ese intercambio de saberes.

Ahora bien, es necesario definir las competencias iniciales del estudiante virtual, esto con el fin de, garantizar que tanto el estudiante como el docente puedan interactuar de forma asertiva en los Entornos Virtuales de Enseñanza/Aprendizaje EVEA, es por esto que se plantea a continuación sus competencias iniciales.

ISBN: 978-980-18-0750-6

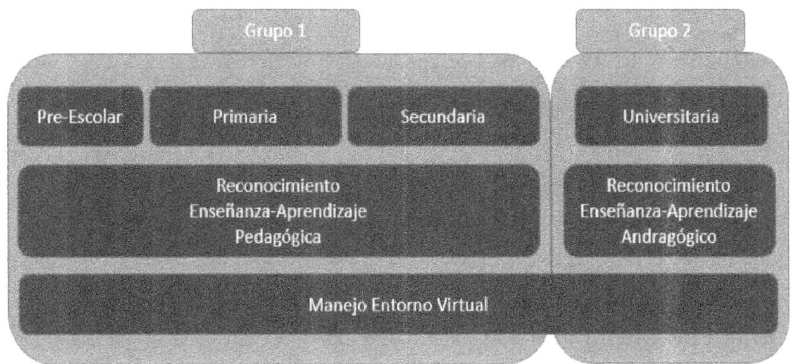

Figura 1. **Competencias Iniciales del Estudiante Virtual**
Fuente: Bárbara, F. (2019).

Como se puede observar, se proponen dos grupos de estudiantes, el primero de corte pre universitario que posee un estilo académico basado en la pedagogía y otro universitario con un corte andragógico propio de la educación para adultos. En ambos casos el estudiante virtual debe poseer un manejo del entorno virtual de aprendizaje donde se desarrollará su proceso de enseñanza-aprendizaje, lo cual es fundamental para su desenvolvimiento futuro en la plataforma tecnológica.

El proceso de autoformación para Merrian s., Caffarella R. y Baumgartner L. (1991) "es una forma de estudio en la cual los participantes tienen la posibilidad de planear, llevar a cabo y evaluar sus actividades de aprendizaje" (p. 8), es el estudiante quien se empodera de su proceso formativo, al tener plena conciencia de su formación, es por esto que la escogencia de la forma virtual de aprendizaje también deberá ser una selección del estudiante, quien ve en esta configuración de estudio la mejor forma de adquirir sus conocimientos tras el planteamiento de sus intereses o necesidades.

No solo es el manejo del aula virtual, es también el manejo de las herramientas tecnológicas que podrá utilizar

ISBN: 978-980-18-0750-6

en las mismas, las cuales son fundamentales al momento de desarrollar una actividad. La capacitación de estas herramientas no queda solo de parte del estudiante aprenderlas, sino también, de parte de la institución de educación el dictarlas, esto con el fin de poder brindar a sus estudiantes de los conocimientos para su uso dentro del EVEA.

Muchas veces cuando se refieren a la educación virtual, se habla de auto formación o de auto aprendizaje; esto no lo podemos generalizar ni afirmar o negar, puesto que existen diferentes formas de aprendizaje virtual, las cuales van desde guías digitales, videos tutoriales, cursos de difusión masiva, hasta los denominados cursos asistidos por docentes a través de entornos virtuales de enseñanza/aprendizaje. Estos últimos los más utilizados a nivel de educación superior o universitarias. Estas diferencias las debe conocer el estudiante virtual y estar preparado con la metodología con la que se formará, asumiendo sus bondades y debilidades; esto le dará la oportunidad de ser dueño de su proceso de aprendizaje, al escoger su forma de aprender.

A pesar que se piensa que la generación nacida en el siglo XXI maneja las tecnologías de forma nativa, la realidad es que no es así, puesto que la aplicabilidad de las mismas en la educación no es intuitiva y se debe crear un proceso de enseñanza y adecuación del estudiante para que pueda usarlas de forma correcta dentro de su aula virtual, logrando así el éxito en su proceso de formación.

El estudiante de por sí, es un ente investigador, con hambre de conocimiento, que está en constante aprendizaje y es moldeado por todo su entorno (docente, institución, conocimiento, familia, sociedad, entre otros); llevándolo a un constante cambio y adecuación a su realidad vivida, además, crea sus propios criterios y

ISBN: 978-980-18-0750-6

pensamientos, los cuales crean su carácter. Cuando un estudiante escoge la presencialidad o la virtualidad como modalidad de estudio lo debe hacer consiente de sus exigencias, bondades y dificultades, para no frustrarse o culpar a la modalidad de su fracaso, el éxito está en la conciencia al escoger su nueva forma de estudio.

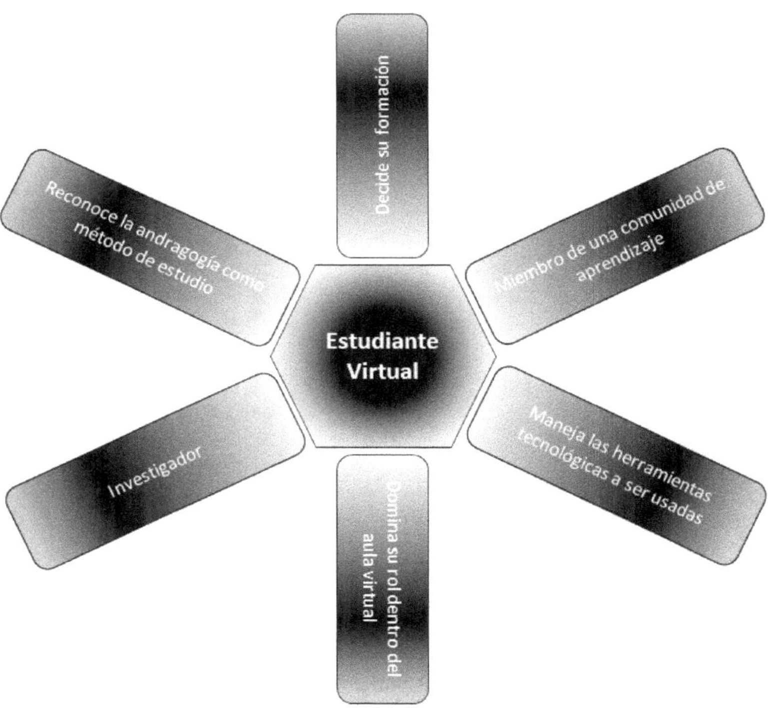

Figura 2. **Representacion de la estructura visual del Estudiante Virtual**
Fuente: Bárbara, F. (2019).

ISBN: 978-980-18-0750-6

Capítulo 2

Aceptar la Docencia Virtual

A lo largo de la historia, el hombre ha querido difundir el conocimiento; para lograr esto se ha valido de diferentes técnicas y medios, que van desde la divulgación de la palabra transmitida de generación en generación a través de historias narradas por los grandes sabios; pasando por la creación de escritos que iban desde las pinturas rupestres que contaban las vivencias del día a día, los manuscritos sobre pieles de animales y pergaminos, la imprenta de libros; hasta la digitalización de obras, todo esto con un único fin, postergar en el tiempo el conocimiento adquirido, para que pueda ser consultado a posterior por los interesados.

De igual manera, el hombre se ha agrupado para apoyarse en sus labores diarias, estas agrupaciones por lo general se dan por los individuos que, teniendo un fin común, buscan a sus pares para ayudarse entre sí, logrando un beneficio común; dichas agrupaciones se dan en diferentes áreas, como la religiosa, la social, la académica, la cultural, entre otras. Estas áreas, dan la connotación a las sociedades propiamente dichas, que por lo general están enmarcadas en un área geográfica o territorio.

Romper las barreras geográficas en el proceso de enseñanza-aprendizaje, es u factor importante que ha logrado la docencia virtual con la incorporación del Internet como medio o canal de comunicación; que lleva casi de forma instantánea este proceso al mundo entero;

ISBN: 978-980-18-0750-6

para optimizarlo, el hombre ha llevado un paso más allá de las aulas tradicionales, construyendo un mundo virtual alrededor de la educación y valiéndose de los Entornos Virtuales de Aprendizaje (EVA), también llamados Ambientes Virtuales de Aprendizaje (AVA) o Entornos Virtuales de Enseñanza – Aprendizaje (EVEA), ha logrado lo impensable en la década de los 70, crear conocimiento colaborativo de forma instantánea con individuos de diferentes latitudes que comparten intereses en común.

Sin duda alguna los EVA han permitido a los docentes virtuales organizar sus procesos académicos, que con ayuda de las Tecnologías de Información y la Comunicación (TIC) han evolucionado la educación. Ya terminando el primer cuarto del siglo XXI nos encontramos también con una evolución de las redes sociales que, basándose al igual que la educación virtual en el uso del Internet como canal de comunicación, se ponen en la vanguardia del intercambio de saberes, opiniones y contenidos, estas redes cada día se especializan más y más, dando paso a su creación de acuerdo a las necesidades de los usuarios, los cuales demandan a sus creadores.

Una de las grandes interrogantes es la postura o funciones del docente virtual en el ámbito universitario, para lo cual debemos colocarnos en contexto y enmarcar primero al docente universitario y posteriormente al docente universitario virtual, para lo cual iniciamos con la postura de Arrufat G. y Jesús M. (2007):

Además de la investigación y junto a las labores de gestión, la docencia es un elemento clave a valorar en el conjunto de las funciones a desempeñar por el profesorado universitario. Sin duda, un docente es tal por ser profesor o

ISBN: 978-980-18-0750-6

profesora (no tanto investigador ni investigadora), y la habilidad para desarrollar con éxito su función está lógicamente relacionada con más con la enseñanza que con cualquier otra tarea (p. 140).

Estos investigadores nos definen claramente la postura de enseñanza del docente universitario y su afán de construir el conocimiento desde el punto de vista doctrinario; no obstante, García Nieto (Dir.) (2004) define tres grandes funciones asociadas al rol del docente universitario, los cuales son:

> 1) Una función instructiva, relacionada con la transmisión del saber. 2) Una función investigadora, mediante la que debe contribuir al avance de la ciencia y la búsqueda de verdades científica y nuevos saberes. 3) una función formativa o tutorial, mediante la cual debe cultivar la formación de los estudiantes en cuanto a sus actitudes, hábitos y eso que se denomina, definiendo este último como el "el estilo universitario (p. 141).

Para Padula, JE (2002), en su investigación y citado por Valverde y Garrido (2005), señala que:

> La función tutorial, en ambientes virtuales de aprendizaje, consiste en "la relación orientadora de uno o varios docentes respecto de cada estudiante en orden a la comprensión de los contenidos, la interpretación de las descripciones procedimentales, el momento y la forma adecuados para la realización de

ISBN: 978-980-18-0750-6

trabajos, ejercicios o autoevaluaciones, y en general para la aclaración puntual y personalizada de cualquier tipo de duda (p. 154).

Esto nos lleva a una ampliación de las funciones del docente universitario y en específico a las del docente virtual; igualmente debemos enmarcar ahora a este docente virtual en un ambiente digital no presencial cuyo canal de comunicación es el internet, y asistido por sus herramientas propias.

Para lograr esta formación tecnológica es profesor virtual debe apoyarse en la institución en la que será dictada la cátedra, esto con el fin de trabajar en con las herramientas que la institución tiene planteadas utilizar, bien sea por restricciones legales (uso de licencias), por cuestiones institucionales (requerimiento de entes gubernamentales) o cuestiones de índole académico (tendencia académica de la institución, trabajo por objetivos o por competencia). De igual manera la institución de educación debe procurar la actualización constante de sus docentes, para así lograr una atención adecuada a la población estudiantil.

Un aspecto indispensable en toda gestión académica es definir las competencias iniciales o de entrada que deben tener los docente virtuales, para lo cual se debe tener en cuenta que este docente no solo debe manejar los conocimientos tradiciones del docente presencial, sino también debe tener un conocimiento ampliado de las Tecnologías de Información y la Comunicación (TIC) que es usada en las Entornos Virtuales de Aprendizaje (EVA), puesto que en lo adelante este último será su entorno natural de interacción entre el docente o facilitador y el

ISBN: 978-980-18-0750-6

estudiante o participante, donde se dará el proceso de enseñanza-aprendizaje.

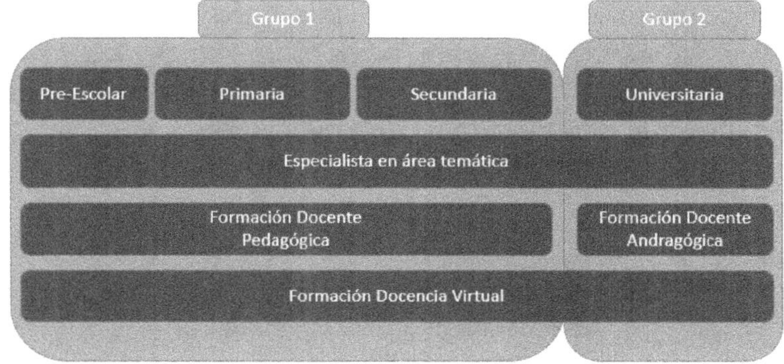

Figura 3. **Competencias Iniciales del Docente Virtual**
Fuente: Bárbara, F. (2019).

Claramente están planteado dos (2) grupos, el primero donde se ubica la educación preuniversitaria, enmarcada en una formación pedagógica conductista, y el segundo que lleva una formación andragógica con un ambiente universitario; en ambos escenarios vemos que el docente requiere de entrada una formación como docente virtual, dicha formación estaría dada por el manejo de todas las herramientas tecnológicas que necesitaría dentro del EVA para no solo es proceso de enseñanza–aprendizaje del contenido académico, sino también, de asistente a los estudiantes en el uso de estas herramientas.

Por lo general se cree que el docente virtual trabaja menos que el docente presencial, esto basándose en que el primero lo puede hacerlo desde cualquier parte del mundo (una playa en el caribe, en su casa, incluso desde una habitación de hotel) siempre y cuando tenga un dispositivo de comunicación acorde al EVA que está gestionando y acceso a Internet, mientras que es segundo sólo lo puede hacer en su aula que se encuentra en un lugar determinado y a una hora pautada. Pero la realidad es que

ISBN: 978-980-18-0750-6

el docente virtual debe cumplir con todos los requisitos de gestión académica que un docente presencial, más aún, debe atender no solo los requerimientos académicos de sus estudiantes, sino también, los tecnológicos, los cuales por lo general son necesidades individuales y con premura de atención, ya que son fundamentales para poder cumplir con la cuota académica requerida para lograr el proceso de enseñanza-aprendizaje por parte del estudiante.

Un error cometido por las instituciones de educación es forzar al docente a administrar cursos virtuales sin tener la preparación para esto, olvidándose que el éxito radicará en una buena gestión académica por parte del docente, que en ese momento es la cara de la institución, puesto que, es él quien en nombre de la misma gestiona un curso virtual que está bajo un contenido programático e inmerso en una carrera determinada de la institución. No olvidemos que el que otorga el título al estudiante es la institución de educación y no el docente propiamente dicho.

La práctica de empujar a la virtualidad al docente no preparado es muy común, conllevando al rechazo y no aceptación de la educación virtual por parte del profesorado de una institución de educación, es por ello, que las instituciones deben procurar dar la formación constante a los docentes, remarcando las bondades de la virtualidad para los estudiantes y para el proceso de enseñanza-aprendizaje en sí mismo. Por último, es se recordar que todo buen profesor presencial no es necesariamente un buen profesor virtual y viceversa.

Se debe estar consciente que los estudiantes nacidos a partir de la década de los 80 son nativos tecnológicos, que los hacer dueños natos de estas herramientas, por lo que tanto las instituciones de educación como los propuestos docentes deben adaptar sus metodologías de

ISBN: 978-980-18-0750-6

enseñanza para poder cubrir así las necesidades de los estudiantes, que por demás, son exigentes en el área, es importante señalar que el hecho que los estudiantes manejen las tecnologías de información y comunicación TIC no significa que las saben aplicar a la educación, por tal motivo el docentes es el eslabón fundamental que unirá al estudiante con los conocimientos, facilitando el proceso de enseñanza-aprendizaje.

En este libro se trata las bondades de las Redes Sociales (RRSS) en la educación virtual, es bueno mencionar en este apartado que el docente juega un rol fundamental en su aplicabilidad, ya que se debe escoger la red más apropiada para la actividad académica que se quiere evaluar, tomando en consideración no solo en contenido programático, sino también, la herramienta tecnológica, teniendo en cuenta las competencias u objetivos que se quieren lograr en los estudiantes; dado esto es fundamental que el docente conozca la red social con la que se trabajara en el EVA, incluyendo su aplicabilidad como Objeto Virtual de Aprendizaje OVA y la interacción EVA-OVA, Estudiante-RRSS-Docente.

Sin temor a equivocarnos, el docente es una parte fundamental en el proceso de enseñanza – aprendizaje, por lo que debe estar completamente convencido que la educación virtual es la mejor forma de abordar las necesidades de sus estudiantes, estando alineados con los objetivos de la institución de educación y su filosofía.

ISBN: 978-980-18-0750-6

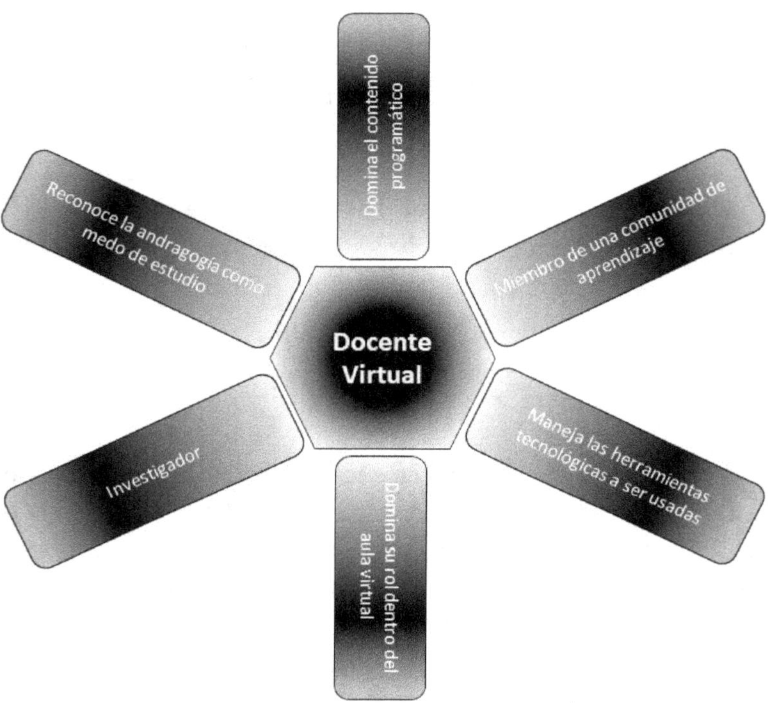

Figura 4. Representacion de la estructura visual del Docente Virtual
Fuente: Bárbara, F. (2019).

ISBN: 978-980-18-0750-6

Capítulo 3

Precisar los Entornos Virtuales de Aprendizaje

El hombre en su afán de mejorar el proceso de enseñanza – aprendizaje se ha visto en la necesidad de adecuar espacios físicos idóneos para tal fin, surgiendo así los denominados salones de clases o espacios académicos, los cuales cumplen con unas características específicas que ayudan al docente a transmitir sus conocimientos. Estos espacios cuentan con una iluminación adecuada, colores frescos y claros, asientos cómodos y acordes para la lectura y escritura, espacio creado para escribir como pantallas o pizarras, en fin, son espacios adecuados para impartir clases. Estos espacios son adaptados a cada nivel de enseñanza, desde tempranas edades como la preescolar, pasando por la primaria y la secundaria, hasta llegar a la etapa universitaria y postgrado.

Ahora bien, estos mismos espacios diseñados para el proceso de enseñanza que hasta los años 90 eran definidos como espacios físicos, a ellos se les suman su homónimo en la WEB denominados Entornos Virtuales de Aprendizajes EVA, los cuales deben cumplir los mismos principios de su par físico, pero con las nuevas ventajas que implican es estar en la red de redes.

Luego de tener definidos las competencias iniciales de los actores principales (Estudiante Virtual y Docente Virtual) del proceso de enseñanza-aprendizaje en los capítulos anteriores, se abre paso al Aula Virtual, en la cual se dará la interacción; dicho espacio debe garantizar su

ISBN: 978-980-18-0750-6

estabilidad en la red y su acceso 24 horas al día los 365 días del año. Estas Aulas Virtuales, Entornos Virtuales de Aprendizaje EVA o Entornos Virtuales de Educación a Distancia EVED, como son más comúnmente denominados, deben ser administradas por sistemas especializados para tal fin, los mismos son llamados Sistema de Gestión de Cursos ("Course Management System", sus siglas en ingles "CMS"), también conocido como Entorno de Aprendizaje Virtual ("Virtual Learning Environment", sus siglas en ingles "VLE") o Sistema de Gestión de Aprendizaje ("Learning Management System", sus siglas en ingles "LMS"), este último es el más utilizado.

Entorno Virtual de Aprendizaje (EVA)

Tal como lo expresa Camacho (2008), para definir los Entornos Virtuales de Aprendizaje primero se debe conocer su naturaleza, la palabra Virtual proviene del latín "virtus", que significa fuerza, energía, impulso inicial. Las palabras vis, fuerza, y "vir", varón, están relacionadas. De tal forma que, la "virtus" no es una ilusión ni una fantasía, ni siquiera una simple eventualidad, relegada a los limbos de lo posible. Más bien es real y activa. Fundamentalmente, la "virtus" actúa. Es a la vez la causa inicial en virtud de la cual el efecto existe y, por ello mismo, aquello por lo cual la causa sigue estando presente virtualmente en el efecto. Lo virtual, pues, no es ni irreal ni potencial: lo virtual está en el orden de lo palpable.

En el mismo orden de ideas, lo señalado por Barajas (2003), en cuanto al Entorno de Aprendizaje como un "espacio o comunidad organizada con el propósito de aprender", también establece los componentes educativos que deben estar presentes en ese entorno, entre los cuales

ISBN: 978-980-18-0750-6

se mencionan: actividades de aprendizaje, situaciones de enseñanza, materiales de aprendizaje y la evaluación.

En concordancia con las definiciones anteriores, el autor anterior afirma que el Entorno Virtual de Aprendizaje EVA es vista como una combinación de herramientas telemáticas y multimedios, donde convergen el docente y el estudiante en un dominio en línea, permitiendo la interacción síncrona y asíncrona entre ellos, teniendo además recursos de aprendizaje que pueden utilizar los estudiantes en cualquier momento.

Si ampliamos y concretamos la definición de los EVA, Camacho (2008) los define como:

> el conjunto de herramientas asociadas a la actividad formativa permitiendo la creación de comunidades virtuales, proporcionando los servicios con los que cada comunidad educativa se identifica, además de garantizan la integración y el enriquecimiento colaborativo de los participantes que convergen en este medio tecnológico al servicio de la educación. (p. 17).

Cabe mencionar lo citado por Camacho (ob. cit.), la cual señala, que un entorno virtual de aprendizaje es un espacio concebido y diseñado para que las personas que acceden a él desarrollen procesos de incorporación de habilidades y saberes, mediante sistemas telemáticos, tal como se explica en un informe de la UNESCO (2009), que los describe como un programa sistematizado de carácter académico con capacidad de comunicación integrada; que han surgido por la convergencia de tecnologías informáticas y de telecomunicaciones.

ISBN: 978-980-18-0750-6

Según Rama (2006), se reconocen diferentes generaciones en la historia de la educación a distancia, pudiendo identificar la generación actual en el momento de la digitalización de documentos y la creación de vías de comunicación interactivas como el Internet. La integración de la red de redes, la digitalización y la flexibilidad tanto de acceso como de tiempo, reduce los costos unitarios de participantes, habilitando educación interactiva, mediante modelos de simulación.

Si bien uno de los LMS más utilizados en el momento por las Universidades es MOODLE, existe otros que cumplen con los requerimientos de las instituciones de educación para lograr sus objetivos académicos, como lo son Chamilo, Claroline, TCExam, Omeka, Gibón, Ilias, Xerte, Forma LMS, OpenSIS, eLebFTW, entre otros, los cuales son descritos a continuación.

Chamilo

Es un sistema de e-learning en toda regla. Ayuda a los docentes o entrenadores y apoyándolos en todo momento. Algunos de los usuarios reportan una proporción de 1/5 en el tiempo de entrenamiento en comparación con el LMS de código abierto más famoso para prepararlos. Los facilitadores pueden llegar a trabajar en un solo día todas las bondades de su aula virtual. El futuro de la enseñanza es brillante, y también lo es Chamilo. Con los desarrollos en evaluación adaptativa, aprendizaje social y móvil, gestión de habilidades y muchos otros temas, la asociación Chamilo y los miembros de alta tecnología garantizan que obtenga un software gratuito con la última innovación de todo el mundo.

ISBN: 978-980-18-0750-6

Claroline

Es una plataforma de e-Learning y e-Working de código abierto que permite a los docentes crear cursos en línea efectivos y gestionar actividades de aprendizaje y colaboración en la web. Traducido a 35 idiomas, Claroline tiene una gran comunidad mundial de usuarios y desarrolladores.

TCExam

Es un sistema FLOSS para exámenes electrónicos (también conocido como CBA - Evaluación basada en computadora, CBT - Pruebas basadas en computadora o examen electrónico) que permite a los educadores y capacitadores crear, programar, entregar e informar pruebas, cuestionarios y exámenes.

ILIAS

Es un poderoso Sistema de Gestión de Aprendizaje de Fuente Abierta para desarrollar y realizar e-learning basado en la web. El software fue desarrollado para reducir los costos del uso de nuevos medios en la educación y la capacitación adicional y para garantizar el nivel máximo de influencia del cliente en la implementación del software.

Omeka

Es una plataforma de publicación web gratuita, flexible y de código abierto para la exhibición de bibliotecas, museos, archivos y colecciones y exposiciones

ISBN: 978-980-18-0750-6

académicas. Omeka hace que lanzar una exposición en línea sea tan fácil como lanzar un blog. Omeka está diseñado teniendo en cuenta a especialistas que no son de Tecnologías e Información TI, lo que permite a los usuarios centrarse en el contenido y la interpretación en lugar de la programación. Aporta tecnologías y enfoques de la Web 2.0 a sitios web académicos y culturales para fomentar la interacción y la participación del usuario.

eLabFTW

Es un administrador de portátiles de laboratorio electrónico para equipos de investigación. También cuenta con una base de datos donde puede almacenar cualquier tipo de objetos (piense en anticuerpos, plásmidos, líneas celulares, cajas, entre otros). Los usuarios pueden acceder a él a través del navegador.

Gibbon

Es un software gratuito de código abierto, su diseño flexible, les da a las instituciones de educación control y libertad completos. Gibbon recopila la información de los estudiantes, ayudando a los maestros a entender, contactar, encontrar y ayudar a sus estudiantes. Permite a los maestros planificar, enseñar, recopilar, evaluar y devolver el trabajo en un proceso simplificado. Está construido por maestros, con el propósito principal de resolver problemas comunes a todas las escuelas.

Xerte Online Toolkits

Es un conjunto de herramientas basadas en servidor para autores de contenido. Los materiales de aprendizaje

ISBN: 978-980-18-0750-6

electrónico se pueden crear rápida y fácilmente mediante herramientas basadas en el navegador, sin necesidad de programación. Los kits de herramientas en línea de Xerte están dirigidos a los autores de contenido, quienes ensamblarán el contenido utilizando asistentes simples.

Forma LMS

Es una plataforma de aprendizaje en línea de código abierto (Learning Management System - LMS), utilizada para administrar y ofrecer cursos de capacitación en línea. Diseñado para la capacitación corporativa, nacido para adaptarse a las necesidades y procesos de su empresa. La fácil integración con cualquier software de intranet, extiende las funcionalidades con una amplia gama de complementos. Forma LMS es desarrollada por una red de empresas, con una comunidad fuerte y activa.

OpenSIS

Es un sistema de información para estudiantes de nivel operativo, seguro, escalable e intuitivo de OS4ED. openSIS es un nuevo paradigma en el software de gestión de estudiantes, se trata del estudiante. OpenSIS se enfoca en capturar datos relevantes en la fuente y ayuda a la administración a monitorear el progreso y remediar las deficiencias para retener a los estudiantes y aumentar sus logros.

Moodle

Es un paquete o software definido como Molist en el año 2006, creado por Martín Dougiamas, quien trabajó en la Universidad Curtin. La palabra Moodle era al principio un acrónimo de Modular Object-Oriented Dynamic Learning Environment (Entorno de Aprendizaje Dinámico Modular Orientado a Objetos) esta plataforma fue concedida bajo la modalidad de licencias de origen abierto GNU, la cual permite la modificación y adecuación del software por parte del usuario, esto siempre y cuando se respete sus autorías anteriores. Los autores de la plataforma defienden que Moodle promueve una educación constructivista social (colaboración, actividades, reflexión crítica, entre otros).

En la actualidad el 100% de las universidades venezolanas utilizan esta plataforma para dictar sus clases semipresenciales, esto según la información presentada por la Oficina de Planificación para el Sector Universitario OPSU en el I Coloquio de Desarrolladores Moodle (2012).

Entre las características más importantes de la plataforma Moodle a nivel técnico destacan las siguientes: (a) diseño modular, permitiendo gran flexibilidad para agregar y suprimir funcionalidades en muchos niveles; (b) se ejecuta sin necesidad de cambios en el sistema operativo basados en servidores WEB que permitan PHP; (c) soporta los principales manejadores de bases de datos; (d) su actualización desde una versión anterior a la siguiente es un proceso muy sencillo. Dispone de un sistema interno capaz de reparar y actualizar sus bases de datos; (e) la incorporación de módulos de forma rápida y sencilla; (f) la existencia de una comunidad de desarrolladores.

A nivel académico, Moodle ofrece funcionalidades bastante atractivas para los docentes, como las siguientes: (a) promueve una educación constructivista social; (b) es adecuado para la enseñanza únicamente a través de la Red, como complemento a la enseñanza presencial; (c) cuenta

ISBN: 978-980-18-0750-6

con una interfaz atractiva, de tecnología sencilla, ligera eficiente y compatible; (d) permite el acceso de invitados a los cursos; (e) los cursos son clasificados en categorías, lo que facilita su búsqueda; (f) es fácil de instalar, por lo que no precisa un nivel avanzado de conocimientos informáticos para proceder a su implementación; (g) un sitio Moodle puede albergar miles de cursos.

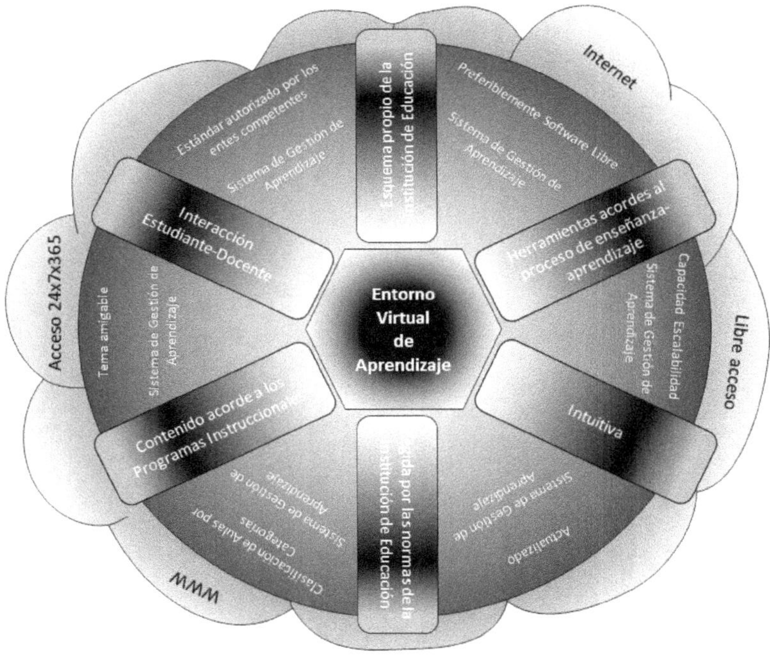

Figura 5. **Representacion de la estructura visual de los Entornos Virtuales de Aprendizaje.**
Fuente: Bárbara, F. (2019).

ISBN: 978-980-18-0750-6

Capítulo 4

Navegar en la Metodología P.A.C.I.E.

La Metodología PACIE es utilizada como marco referencial en diversas Instituciones Universitarias latinoamericanas e incluso mundial, incorporándola a su modelo pedagógico de estudios a distancia. Esta metodología presentada por Pedro Camacho en el año 2001 está compuesta por las iniciales de cada uno de los procesos secuenciales en los que se basa: presencia, alcance, capacitación, interacción, E-Learning.

Es importante mencionar que dicha metodología no ha perdido vigencia, no obstante, las instituciones que la asumieron en su momento como una estructura regida de sus aulas, en la actualidad la han adecuado a sus requerimientos y necesidades; pero sin dejar la esencia PACIE, la cual sin duda alguna llegó en el mejor momento para guiar a todos los que hacían vida en la educación virtual, pudiendo unificar criterios entre las instituciones de educación.

Su creador es el director de la Fundación para la Actualización Tecnológica de Latinoamérica FATLA y asesor de más de doscientos setenta (270) instituciones, programas y proyectos educativos en todo el mundo, presidente ejecutivo de Virtual Group Corporation, siendo acreedor de varios premios y distinciones internacionales por el éxito de la metodología.

ISBN: 978-980-18-0750-6

En este sentido, el autor propone los siguientes aspectos que caracterizan esta metodología, a saber:

Toma como elementos esenciales la motivación y al acompañamiento, la riqueza de diferencia, calidad y calidez versus la cantidad y la frialdad.

Adiciona a la comunicación y exposición de la información, procesos sociales que apoyan la criticidad y análisis de los datos para construir conocimiento, mediante el compartir educativo.

Con PACIE ya no sólo se informa, expone y enseña, sino que se crea, se educa, se guía, compartiendo información y conocimientos.

En relación con los objetivos, en autor plantea para cada una de las fases los siguientes: Fase de Presencia, Fase de Alcance, Fase Capacitación, Fase de Interacción y Fase E-Learning. Las cuales se explican a continuación:

Fase de Presencia

Esta fase está creada para dar un impacto visual a los participantes del aula virtual de aprendizaje, usando correctamente los recursos que se presentan en línea. Asimismo, se le enseña al participante que en el futuro será facilitador a presentar los contenidos educativos con eficiencia y a utilizar las herramientas que posee MODLE como plataforma de enseñanza-aprendizaje. Todo esto con la finalidad de presentar uno Entornos Virtuales de Aprendizaje EVA personalizados.

Para la metodología PACIE el EVA debe tener las siguientes características: (a) Usar una imagen corporativa, (b) Usar un mismo tipo de texto para títulos. (c) Usar un mismo tipo de letra para la información. (d) Usar un tipo distinto de letra y color en la información más relevante. (e) Las imágenes deben ser del mismo tamaño. (f) Se debe

ISBN: 978-980-18-0750-6

utilizar recursos atractivos de la web 2.0 como animaciones, video y otros. (g) Se debe crear la necesidad de descubrir novedades llamativas y fantásticas en el EVA.

Las funciones de un EVA son informar, comunicar, interactuar, apoyar educar, donde:

Informar: Es colocar únicamente recursos que permitan proporcionar información de forma unidireccional, es decir, que no se espere una respuesta determinada a los procesos de información, por parte de quienes la reciben. Por ejemplo: Presentar calendarios académicos., proporcionar rúbricas de evaluación, Informar cambios en el programa educativo, entregar lineamientos diversos.

Comunicar: Es colocar recursos que propendan retroalimentar datos mediante la respuesta, a mediano o largo plazo, de los participantes que recibieron la información, pero esa respuesta no es recibida por el EVA, sino por procesos externos a su funcionamiento. Por ejemplo: Incentivar a un trabajo en grupo determinado, convocar a un encuentro presencial y los requisitos de asistencia, enlazar actividades reales con instrucciones virtuales, proporcionar un banco de preguntas y respuestas para estudio individual.

Interactuar: Es cuando generamos, no sólo recursos, sino actividades que permitan compartir sincrónica o asincrónicamente a los participantes, sobre un tema determinado, por ejemplo: Un foro temático en el que el tutor sea únicamente moderador, la explicación y entrega de una tarea por medio del aula virtual, creación de un taller para compartir información y generar un documento final, un chat para compartir experiencias y recursos determinados, un diálogo privado para incentivar interacción personalizada.

ISBN: 978-980-18-0750-6

Apoyar. Es cuando creamos recursos y actividades interactivas que busquen apoyar o facilitar procesos educativos de modalidades con algún índice de presencia física estudiantil. Por ejempló: Un foro para consultar un tema específico tratado presencialmente. Un cuestionario de soporte para ensayar y confirmar conocimientos generados. La publicación del material de una clase para revisión estudiantil. Entrega de bibliografía adicional o de documentación para afianzar conocimientos. Mensajería en general (chat, foro, mensaje, diálogo) para motivar al trabajo en grupo por Internet.

Educar. Es Cuando la información exija comunicación y ésta promueva una interacción real que genere conocimiento y experiencias, entonces originaremos a más de apoyo, educación. Por ejemplo: Un foro para compartir información y experiencias. Un taller para obtener un solo producto final. Un foro para discutir tendencias, métodos o inclinaciones varias. Información que genere un choque contra el estudiante para que este reaccione críticamente. Actividades de acompañamiento y guía para la ejecución de proyectos y productos educativos. Tutoría mediante diálogos para el sustento teórico práctico de trabajos finales, tesis y monografías. Debates en línea con bibliografía cerrada o generada.

Fase de Alcance

En esta fase se plantea la planificación de los alcances de la nueva EVA, definiendo la practicidad con estándares y marcas académicas, para lograr aumentar las habilidades y destrezas de los futuros facilitadores, pudiendo categorizar sus propias aulas virtuales.

ISBN: 978-980-18-0750-6

Fase Alcance en los EVA

El problema de todo EVA es el manejo y la organización de la información, si bien es cierto ya sabemos cómo presentar la imagen del EVA, sin embargo, que se hace con la información y como utilizarla para generar el aprendizaje del estudiante. Para conseguir que el estudiante aprenda se debe tener muy claro lo que se busca lograr mediante el uso de estándares, marcas y destrezas, en ingles SBS. EL estándar es lo que se desea que el estudiante llegue a aprender. Generalmente se pueden tener varios estándares por cada unidad o tema de aprendizaje.

Las marcas sirven para comprobar si el estándar se ha cumplido, también se pueden tener una o varias marcas por cada estándar, dependiendo de lo que se desee medir, que generalmente son conocimientos teóricos como prácticos y valores.

Fase Alcance a Nivel Organizacional

Para que una Institución Educativa (IE) pueda lograr que la metodología PACIE funcione en forma cabal concreta y ser útil para el proceso de aprendizaje, es necesario seguir algunos pasos. Los errores en educación virtual en todas las IE, son cometidos por la desorganización y por la falta de un departamento que procure el desarrollo de toda la actividad virtual.

Por tal motivo lo primordial es crear el Departamento de Educación en Línea (DEL), este departamento debe orientarse a gestionar todos los procesos de la educación virtual, el mayor problema es convencer a las autoridades de las IEs que es necesario su

ISBN: 978-980-18-0750-6

existencia, generalmente creen que es suficiente con un experto en informática.

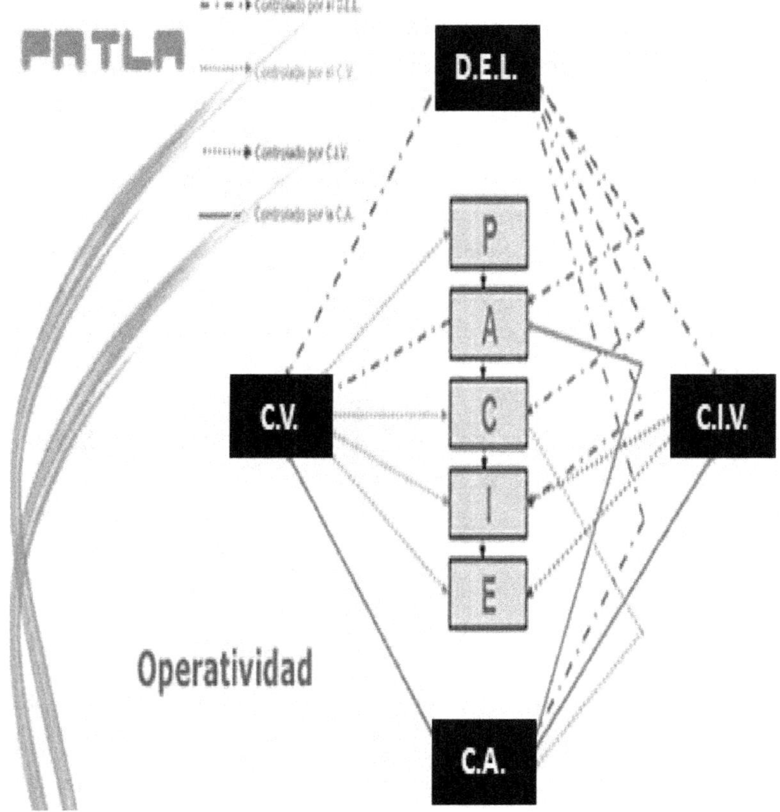

***Figura 6.* Nivel Organizacional.**
Fuente: FATLA (2004)

A nivel organizacional la fase alcance implica que el Departamento de educación línea debe tener una planificación para el desarrollo del centro de educación virtual, se debe seguir el ciclo del diseño para implementar el CEV, se debe realizar las siguientes etapas.

ISBN: 978-980-18-0750-6

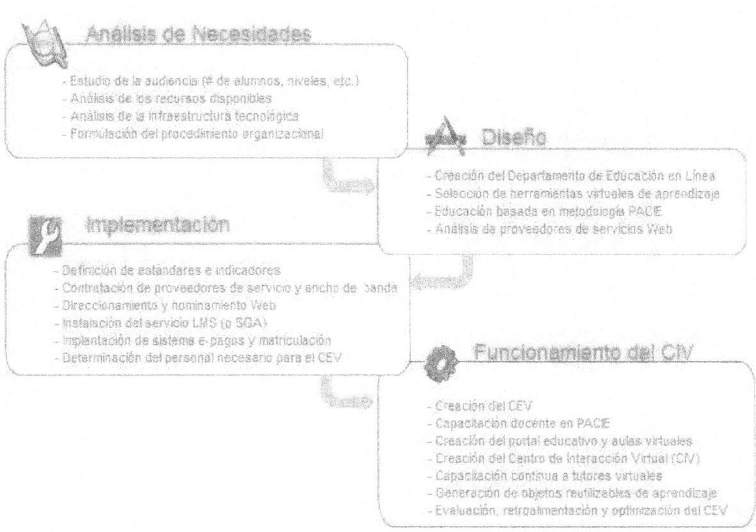

Figura 7. Implementación de un centro de educación virtual.
Fuente: FATLA (2004)

Fase de Capacitación

Al llegar a esta fase el participante podrá conocer se ciclo del díselo de los EVA, incentivando a la investigación permanentes de las herramientas de diseño. Estudiará las diferentes formas de incentivar el autoaprendizaje mediante los EVA de igual manera se estudian las formas de planificación de las tutorías virtuales para que puedan generar el conocimiento buscado.

La metodología PACIE, centra gran parte de su esfuerzo en el docente, que quien genera, crea, construye las oportunidades de aprendizaje de los estudiantes, si bien es cierto el estudiante es el que aprende, el educador el que tiene la responsabilidad de ser súper creativo, y me refiero

ISBN: 978-980-18-0750-6

a súper porque es la única forma de guiar toda la potencialidad del aprendiz a la meta del aprendizaje.

Según FATLA el Ciclo del Diseño. El ciclo del diseño es un elemento fundamental en la capacitación, este nos permite generar los recursos necesarios para los EVA, permite generar proyectos para que aprendan los estudiantes, proyectos de fin de carrera, tareas para la construcción del conocimiento.

El ciclo del diseño tiene las siguientes etapas: Investigar, planificar, crear, evaluar y autonomía. En la siguiente figura se observa la sinergia de cada etapa del ciclo del diseño y como cada etapa alimenta a la siguiente, permitiendo un desarrollo armónico de cualquier proyecto o elemento a ser generado por el educador.

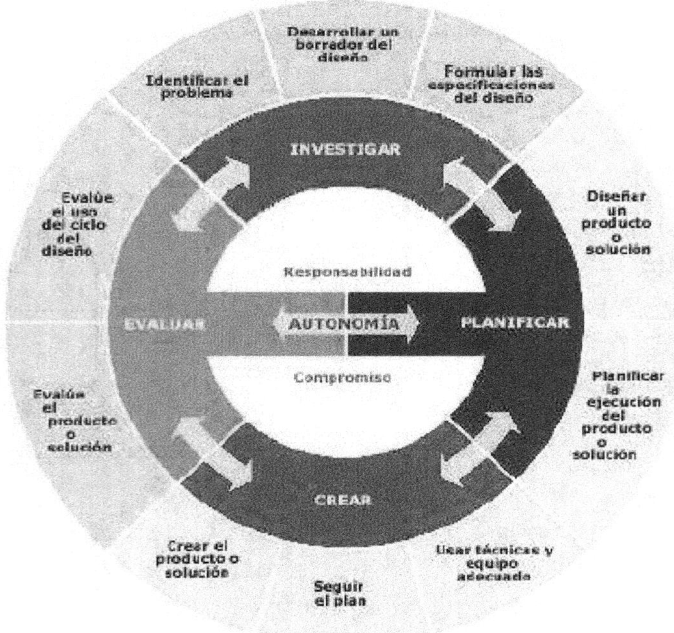

Figura 8. **Ciclo del diseño.**
Fuente: FATLA (2004)

ISBN: 978-980-18-0750-6

Fase de Interacción

Dada las anteriores fases se llega a la interacción entre los miembros que conforman las aulas virtuales, buscando la motivación de cada uno, fomentando la socialización y eliminando la sobrecarga inútil de actividades dentro del aula virtual.

La metodología PACIE, centra gran parte de su esfuerzo en el docente, que quien genera, crea, construye las oportunidades de aprendizaje de los estudiantes, si bien es cierto el estudiante es el que aprende, el educador el que tiene la responsabilidad de ser súper creativo, y me refiero a súper porque es la única forma de guiar toda la potencialidad del aprendiz a la meta del aprendizaje.

La fase interacción es la fase más importante de la metodología PACIE, debido a que como se analizó en el capítulo de la fase Capacitación, la técnica de aprender haciendo para proceso de educación-aprendizaje, se basa en un alto grado de participación de los pares, los compañeros del EVA son quienes, gracias a su cooperación, motivación, alegría, amistad logran construir el conocimiento, y permiten que cada uno de los compañeros se apropie de este conocimiento.

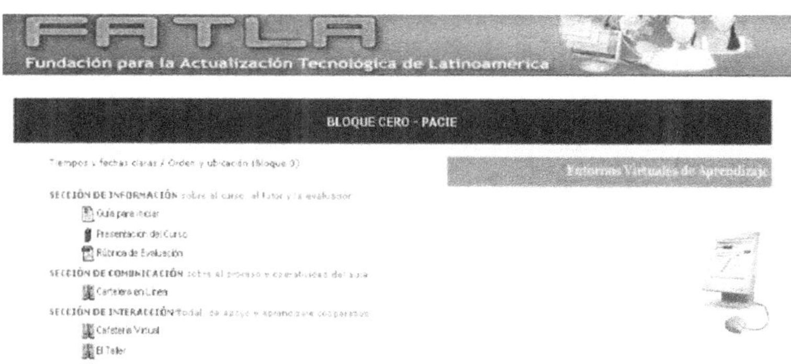

***Figura 9.* Bloque cero - PACIE.**
Fuente: FATLA (2004).

ISBN: 978-980-18-0750-6

Partes Fundamentales de un EVA

Un EVA que busca la calidad de aprendizaje de los estudiantes, se debe distribuir en varias etapas las cuales son el bloque 0 o bloque PACIE, el bloque académico, el bloque de cierre. El Bloque PACIE o bloque 0, el más importante dentro de este proceso metodológico, se ha convertido en el eje de la interacción dentro de un aula virtual y la fuente del conocimiento cooperativo generado en una experiencia común y enriquecedora de los miembros de un grupo estudiantil.

Fase de E-Learning

Por último, la fase dedicada a conocer las técnicas de evaluación, en las cuales se enseñan a usar las evaluaciones mixtas (virtual-presencial), fomentando la autoevaluación crítica y automatizar los procesos educativos; todo esto para lograr conjugar la tutoría en línea con la evaluación sistemática.

El E-Learning ha generado una revolución amplia y novedosa, llenas de grandes virtudes en la tecnología, en la pedagogía y en la comunicación que debemos aprovechar, tiene los siguientes aspectos fundamentales.

El uso de la tecnología, el PC tiene potencialidades ilimitadas, hasta ahora era un artefacto solo para leer y escribir. El aprender con tecnología implica grandes cambios, antes se aprendía solos, buscando información en libros, o en el peor de los casos, de los apuntes del profesor. Ahora existe la posibilidad de enseñar usando video, animaciones, applets, otras herramientas multimediales, escritos en pdf, entre otros, que complementan la tarea de presentar la información.

ISBN: 978-980-18-0750-6

El aprender haciendo, lo que implica aprender de verdad, apropiarse del conocimiento, construyéndolo paso a paso. Esta técnica implica que el estudiante recibe la información de diversas fuentes multimediales, e hyperextuales, y mediante el aprendizaje cooperativo, ayudado por sus pares, en discusiones utilizando foros, wikis, chats, salas de videoconferencia, construyen las respuestas paso a paso. Para luego resolver problemas complejos de la realidad con los métodos que se utilizan y que sirven para solucionar problemas sociales.

Ligada a resultados, ya no es simplemente de realizar una tarea se necesita productos útiles para la sociedad. La evidencia de funcionamiento mediante sistemas multimediales, permite observar la construcción del proyecto, la creación de las etapas, documentar los procesos de trabajo.

ISBN: 978-980-18-0750-6

Capítulo 5

Una Mirada a la Gestión Académica en los Entornos Virtuales de Aprendizaje

Para poder comprender la administración de las aulas virtuales por parte del docente es necesario contextualizarla, tomando los principios de gestión planteados por Fayol (1950), uniéndolo con la Teoría de la Gestión del Conocimiento planteada por Silvio, J. (1992) y complementado con la Teoría Conectivista de Siemens (2004); pudiendo indicar los aspectos necesarios para garantizar la excelente gestión académica del docente en los entornos virtuales de aprendizaje.

Para lo cual se plantea una estructura clara de los procesos definido como la Planificación, la Ejecución, el Monitoreo, la Evaluación y el Control, los cuales, a pesar de estar definidos en la educación presencial tradicional, sufre ajustes significativos en la educación virtual, con sus matices logra una nueva visión especializada al mundo virtual asistidos por las TIC como herramienta de apoyo al proceso medular académico de las universidades que usan el internet como plataforma de comunicación dentro la gestión académica.

Siemens (2004) en su Teoría Conectivista, explica el aprendizaje en la era digital, fundamentándose en la integración de los principios de las Teorías de la Complejidad, la del Caos, De redes y de autoorganización. los principios del conectivismo serían:

ISBN: 978-980-18-0750-6

- El aprendizaje y el conocimiento dependen de la diversidad de opiniones.
- El aprendizaje es un proceso de conectar nodos o fuentes de información especializados·
- El aprendizaje puede residir en dispositivos no humanos.
- La capacidad de saber más es más crítica que aquello que se sabe en un momento dado.
- La alimentación y mantenimiento de las conexiones es necesaria para facilitar el aprendizaje continuo.
- La habilidad de ver conexiones entre áreas, ideas y conceptos es una habilidad clave.
- La actualización (conocimiento preciso y actual) es la intención de todas las actividades conectivistas de aprendizaje.
- La toma de decisiones es, en sí misma, un proceso de aprendizaje. El acto d escoger qué aprender y el significado de la información que se recibe, es visto a través del lente de una realidad cambiante. Una decisión correcta hoy, puede estar equivocada mañana debido a alteraciones en el entorno informativo que afecta la decisión.

Para el autor antes mencionado, el aprendizaje en esta era digital ocurre en las comunidades virtuales a través de redes de información, en la cual ya no es posible experimentar y adquirir el conocimiento personalmente; estos son procesos continuos que ocurren a través de conexiones entre comunidades especializadas, de experiencia de otras personas, de bases de datos, de realidades que surgen de procesos tecnológicos extrínsecos al individuo.

ISBN: 978-980-18-0750-6

Gestión

Las funciones de administración corresponden a los elementos de la administración definidos por Fayol en su tiempo (planificar, organizar, dirigir, y controlar) con una apariencia actualizada.

Es tan sentido, Chiavenato (2006) expresa que "...los autores neoclásicos adoptaron los procesos administrativos como núcleo de su teoría ecléctica y Utilitarista" (p.137), esto trae como consecuencia que cada autor definiera sus fases de acuerdo a un criterio propio, sin embargo, no desfasados y juntos en un concepto central.

A su vez el autor señala que todas las teorías neoclásicas se asientan en el proceso administrativo para explicar el desarrollo de las diversas funciones de la organización, dando lugar a las funciones básicas de Planificar, Organizar, Dirigir y controlar; en el siguiente cuadro Chiavenato (ob. cit.) nos presenta los componentes de los procesos administrativos de diferentes teóricos.

Fayol	Urwick	Gulick	Koontz Y O´Donell	Newman	Dale
Prever	Investigación Previsión Planeación	Planeación	Planeación	Planeación	Planeación
Organizar	Organización	Organización	Organización	Organización	Organización
Mandar Coordinar	Mando Coordinación	Designación de Personal Dirección Control	Designación e Personal Dirección	Liderazgo	Dirección
Controlar	Control	Información Presupuesto	Control	Control	Control

Figura 10. **Componentes de los procesos administrativos por diferentes teóricos.**
Fuente: Chiavenato (2006).

Dado que las universidades son Sistemas Abiertos, se requiere gestionar su función académica tanto en la

ISBN: 978-980-18-0750-6

modalidad presencial como en la modalidad semipresencial, para esto se describe según el autor las diferentes fases.

Planeación: Las organizaciones deben ser planificadas, por lo que no deben improvisar en su gestión, planeando con antelación cada paso y proceso.

La planificación es la primera función administrativa, por ser la base de las demás, definiendo los objetivos a seguir y que se debe hacer para alcanzarlos. Comienza con la definición de los objetivos y escoger el mejor curso de acción posible alcanzarlos; a continuación, se presenta un cuadro de los diferentes tipos de planes.

Tipos de Planes	Relacionados con Métodos	Procedimientos	Métodos de trabajo y de ejecución representados por diagrama de flujo
	Relacionados con Dinero	Presupuestos	Utilidad/gasto en un período determinado
	Relacionados con Tiempo	Programas y Programaciones	Correlación entre tiempo y actividades (agendas). Representados por Cronogramas
	Relacionados con Comportamientos	Reglas y Reglamentos	Cómo se deben controlar las personas entre determinadas situaciones.

Figura 11. **Tipos de Planes.**
Fuente: Chiavenato (2006).

Dado que se va estudiar la Gestión Académica de los EVA se trabajará con la modalidad de reglas y reglamentos, el cual según el autor antes citado define como: "Son los planes operacionales relacionados con comportamientos solicitados a las personas. Determinan comportamiento de las personas en determinadas situaciones" (p. 142).

Organización: Es la función administrativa que depende de la planificación, la dirección y el control para formar procesos administrativos. Dado esto, organizar consiste en determinar las actividades necesarias para alcanzar los objetivos planeados, agrupar las actividades en una estructura lógica, designar las actividades a las

ISBN: 978-980-18-0750-6

personas específicas, Tal cual se presente en el siguiente cuadro referencial presentado por Chiavenato (ob. cit.).

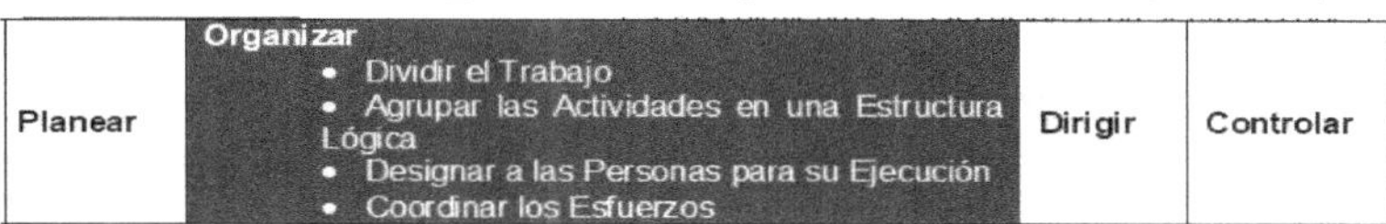

Planear	**Organizar** • Dividir el Trabajo • Agrupar las Actividades en una Estructura Lógica • Designar a las Personas para su Ejecución • Coordinar los Esfuerzos	Dirigir	Controlar

Figura 12. **Organización.**
Fuente: Chiavenato (2006).

Dirección: El papel de la dirección es hacer que las cosas avancen y sucedan. La dirección está relacionada con la acción y tiene que ver con las personas, tal cual se ve en el cuadro siguiente.

Planear	Organizar	**Dirigir** • Dirigir los Esfuerzos hacia un propósito común • Comunicar • Dirigir • Motivar	Controlar

Figura 13. **Dirección.**
Fuente: Chiavenato (2006).

Control: es un proceso cíclico compuesto por cuatro faces (Establecimiento de los Estándares o Criterios, Observación del Desempeño, Comparación del desempeño con el estándar establecido y acción correctiva). Mientras que la planificación abre el proceso administrativo, el control sirve para cerrarlo.

Planear	Organizar	Dirigir	**Controlar** • Definir los estándares de Desempeño • Monitorear el desempeño • Comparar el desempeño con los estándares • Tomar la acción correctiva para garantizar los objetivos deseados

Figura 14. **Control.**
Fuente: Chiavenato (2006).

Planificación Estratégica

En ese mismo orden de ideas, Chiavenato (2006) hace referencia a un patrón de acciones y de distribución de recursos que se ha diseñado para alcanzar las metas de la organización, tratando de equiparar sus habilidades y

ISBN: 978-980-18-0750-6

recursos con las oportunidades que se encuentran en el ambiente externo, es decir, considerar las fuerzas y debilidades. Chiavenato (ob. cit.), establece que para lograr esta planificación se requiere del diseño de estrategias, basadas en un patrón de acciones diseñado previamente y la distribución de recursos para alcanzar las metas de la organización, buscando el equilibrio entre sus habilidades y recursos con las oportunidades que se encuentran en el entorno, es decir, considerar las fuerzas y debilidades.

Sin embargo, estas estrategias, que consideran las fuerzas y debilidades deben estar dirigidas a consolidar áreas que satisfagan los deseos y necesidades del medio ambiente, además para su puesta en marcha se deben considerar los costos de ejecución, incorporación de sistemas operativos, que incluyan la tecnología de información vanguardista, para satisfacer las necesidades detectadas y a su vez alcanzar los objetivos planteados. En ese sentido, Infante (2006) define estrategia como:

> … planes cuyo horizonte es el largo plazo, entre 3 y 10 años, en los que se establecen los lineamientos generales para la definición de los demás planes (tácticos y operativos),… son diseñados por los ejecutivos de mayor nivel centro de la jerarquía de la empresa y su propósito es definir la dirección que deberán seguir todas las actividades del negocio (p. 2).

Dado que el último objetivo específico de la investigación es establecer las bases para los lineamientos generales de la gestión académica de los EVA en la Escuela de Derecho se hacer inherente la

ISBN: 978-980-18-0750-6

conceptualización y la puesta en marcha, la cual aporta en gran medida su formulación y conclusión.

Educación

Las organizaciones están conformadas por dos grandes grupos, el primero en el talento humano, el que da vida y maneja al segundo gran grupo el cual está conformado por los recursos físicos, ambos dan vida a toda organización; la gerencia es un proceso en donde se planifican, organizan, evalúan y controlan los pasos sistematizados para coordinar a estos dos grandes grupos, con el fin de alcanzar objetivos. El conocimiento es el resultado de la asimilación de la información, razón por la cual no se da el conocimiento sin información, aunque no toda información puede generar conocimiento.

Ahora bien, la Teoría Educativa se ha desarrollado de acuerdo con las situaciones de las distintas épocas que ha vivido el ser humano, de acuerdo a su contexto; el Manual de Andragogía de la Universidad Nacional Abierta UNA (2004) señalan que: "Al respecto Adams (2004) expresa que la donde quiera que aparezca la práctica, la teoría está implícita" (p.22), naciendo así la pedagogía.

Contraponiéndose a la afirmación anteriormente señalada, nace la andragogía utilizada por Kepp en el año 1833 al referirse a la educación de adultos. En la tercera conferencia efectuada por la Organización de las Naciones Unidas para la Educación, la Ciencia y la Cultura (UNESCO) en el año 1972 se fundamenta las bases teóricas de la andragogía definiéndola como la Ciencia de la Educación de Adultos, presentada por Adam.

En el Manual de Andragogía de la UNA (ob. cit.) se define la Andragogía como aquella gestión académica que se aplica a las personas adultas con edad superior a los

ISBN: 978-980-18-0750-6

16 años. Cuando se traslada esto al contexto universitario en general, se puede señalar que esta metodología de enseñanza-aprendizaje es la que en la actualidad se imparte en las casas de estudio superior en Venezuela.

La Gestión del Conocimiento o Knowledge Management por sus siglas en Ingles, según Fuentes (2010) tienes el fin de transferir el conocimiento desde donde se genera (su creador o manejador) hasta el lugar donde se emplea (pupilo o estudiante) dando entrada al desarrollo de las competencias internas de las organizaciones para compartirlo.

Bajo esta concepción de Gestión del Conocimiento surge la Gerencia del Conocimiento, que según Guédez (2004) "… la gerencia del conocimiento siempre ha existido, porque es consustancial a la vida misma de las organizaciones. Lo que ocurre es que ahora se ha sacado a la superficie y se le ha convertido en estrategia explicita y orgánica" (p.11).

Es así como la Gerencia del Conocimiento es una estrategia gerencial que se fundamenta en el conocimiento, conjugado con emoción, intuición y ética. De igual manera es necesario poder convertir esos datos en información relevante para la organización, la cual apoyada por las herramientas tecnológicas y el uso de internet como canal de comunicación ayuden a atender los requerimientos de los participantes, los cuales son pieza fundamental para la Gestión Académica del sistema interactivo a distancia de las universidades.

Gestión Académica

Luego de estudiar la gestión administrativa, se abre paso la relación educativa y los aspectos relevantes de su puesta en marcha dentro de las instituciones de educación

ISBN: 978-980-18-0750-6

superior. Para ello se pude estudiar la teoría de la gestión del conocimiento, plateada por Silvio, J. (1992) en el informe regional de la UNESCO, donde platea:

> ...en un sistema universitario o científico vamos a entender la planificación, conducción, monitoreo y evaluación de un conjunto de acciones y decisiones para aplicar soluciones a un conjunto de problemas asociados a la adquisición (aprendizaje), transmisión (enseñanza-comunicación), conservación, recuperación, creación (investigación), aplicación (extensión, transferencia) y difusión de datos, informaciones y conocimientos (p. 7).

Partiendo de la premisa en la cual se incluye el proceso de enseñanza-aprendizaje dentro del esta definición central, se puede dar un homónimo de la Gestión del Conocimiento con la Gestión Académica, puesto que la academia para este autor se puede interpretar como el proceso de enseñanza-aprendizaje. Tal cual se ve en el siguiente cuadro de la Matriz de la Gestión del Conocimiento propuesto por Silvio J. (1992).

		Procesos de la Gestión			
		Planeamiento	Ejecución	Monitoreo	Evaluación
	Adquisición				
	Transformación				
Procesos del Conocimiento	Creación				
	Conservación				
	Comunicación				
	Aplicación				

Figura 15. **Matriz de la Gestión del Conocimiento.**
Fuente: Silvio J. (1992).

ISBN: 978-980-18-0750-6

Luego de esto, se puede señalar que, dentro de las universidades, se gestiona el conocimiento dentro de su proceso diario. Dado que la modalidad de estudio a distancia o virtual es parte de la gestión académica de las universidades, se hace necesaria su evaluación. Es por esto que se debe basar en la presente teoría.

En este mismo orden de ideas, se encuentra Silvio, J. (2004), contempla un conjunto de acciones interdependientes, para llevar adelante uno propuesta de Gestión Académica, como ser: Planificar, Conducir, Monitorear, Evaluar y Controlar; todo esto para la toma de decisiones y la resolución de problemas con miras a lograr determinas objetivos. Se la puede asociar también con la necesidad de mejorar la calidad de un sistema educativo, que pueda incluir otras modalidades organizacionales alternativas al servicio de enseñar y aprender.

En este sentido los aspectos claves para delinear una Gestión Académica de calidad en materia de entornos a distancia, este autor contempla dos componentes esenciales a tener en cuenta: la Virtualización y la Articulación del Sistema. Considerando importante asegurar, mantener y mejorar continuamente la calidad de la educación, la cual requiere una buena gestión, garantizando un monitoreo permanente del desarrollo de los programas educativos; esto con el fin de prevenir desvíos de sus objetivos.

Silvio, J. (2004) señala tres directrices principales en este tipo de gestión:

La Tecnología instruccional digital que es la base de la educación a distancia y una gestión de calidad que dependerá mucho de la gestión de esas tecnologías.

ISBN: 978-980-18-0750-6

El liderazgo como motor de la gestión en general y de la gestión de la calidad de la educación a distancia en particular.

La educación a distancia como una innovación y la necesidad de gestión de su difusión en la sociedad de manera sistemática.

Según este autor, la gestión de la calidad en la educación a distancia, debe realizarse independientemente de que exista un sistema formal y estructurado de evaluación y control. Sugiere que los actores que intervienen en el proceso lleguen a acuerdos y establezcan normas mínimas para aplicarlas a la evaluación y gestión de calidad.

Ahondando en este tema, en Latinoamérica se están definiendo los lineamientos Institucionales necesarios para definir una buena Gestión Académica, es tal sentido, el MEN (2012), establece las competencias de los estudiantes. En este apartado, se indagan los elementos estructurales de la gestión académica, los aspectos básicos de las prácticas de aula, el seguimiento y evaluación.

En tal sentido, el autor señala que el análisis de este componente se realiza a partir de tres dimensiones o aspectos:

En primer lugar, el **Diseño Pedagógico** que básicamente hace referencia a aquellos aspectos necesarios para dar soporte, pertinencia y coherencia al trabajo de aula: plan de estudios, enfoque metodológico, evaluación, recursos para el aprendizaje, jornada escolar.

En segundo lugar, las **Prácticas Pedagógicas** que en esencia se relacionan con aquellos aspectos que amplían la capacidad de la institución para el desarrollo de su propuesta educativa en un marco de innovación e investigación, ellos son: la relación pedagógica, la

ISBN: 978-980-18-0750-6

planeación en el aula, el estilo pedagógico y evaluación en el aula.

En tercer lugar, el **Seguimiento Académico** que se ocupa de analizar las estrategias mediante las cuales se lleva a cabo el monitoreo del proceso de enseñanza-aprendizaje de tal manera que los resultados de los estudiantes sean una fuente de retroalimentación tanto del desarrollo de sus competencias como de la gestión escolar en su conjunto. Para ello se analizan: el seguimiento al ausentismo, el seguimiento de resultados académicos, el uso pedagógico de la evaluación externa, actividades de recuperación y apoyo pedagógico.

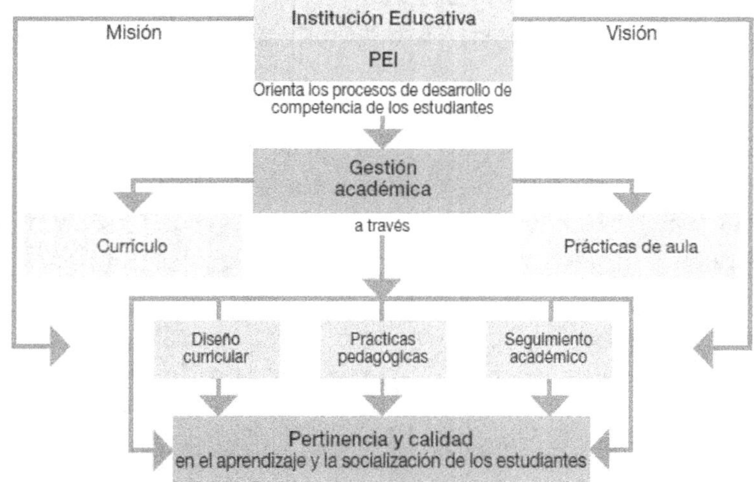

Figura 16. **Mapa del área de gestión académica.**
Fuente: MEN (2012).

Al pasar por las diferentes etapas de la planificación y de la Gestión Académica, se llega a la Planificación de la Instrucción o Planificación Instruccional, la cual maneja los programas Instruccionales de cada asignatura impartida por la Institución, en tal sentido Canelones (2004) expresa que "...La planificación de la Instrucción

ISBN: 978-980-18-0750-6

es el proceso que le permite al docente incorporar esas condiciones en la organización de todos los componentes para alcanzar logros y minimizar los aspectos restrictivos en el aprendizaje" (p. 17).

Este autor señala que la Planificación Instruccional presente 4 etapas las cuales deben ser presentadas secuencialmente las cuales son:

Diagnóstico: Implica un análisis de la situación en el cual se ubica el objeto de la planificación. En el caso de la instrucción está referido a las participaciones del estudiante, sus conocimientos previos y las necesidades a las que se quiere dar respuesta.

Programación: Diseño del modelo deseable, que en la instrucción se refiere al establecimiento de objetivos a alcanzar en el participante.

Ejecución: Se refiere a la intervención sobre la realidad que se desea modificar, utilizando los recursos y actividades pertinentes. En la instrucción igualmente tiene que ver con la combinación de los contenidos, actividades de instrucción y utilización de recursos para facilitar el cambio expresado por los objetivos de instrucción.

Evaluación: Incluye el seguimiento y control, a partir de instrumentos e indicadores para evidenciar el alcance de objetivos y metas. En el proceso instruccional, la retroalimentación sobre la ejecución y la evaluación persiguen tal fin.

En la misma línea, el autor antes mencionado enmarca el Plan Instruccional como "…el documento en el cual se describe la organización, actividades y recursos de una determinada situación de aprendizaje, con el objetivo de orientar o guiar de desarrollo de la enseñanza" (p. 55).

Asimismo, Delgado (2008) señala que "…Los contenidos obedecen a los planteamientos que

ISBN: 978-980-18-0750-6

determinan y caracterizan el enfoque curricular, de forma interrelacionada con dichos elementos y áreas, y se evidencian en todas las etapas del plan de estudios" (2).

Dado esto, se debe tener en cuenta que, la educación no es libre e improvisada; debe estar enmarcada en un plan instruccional diseñado y autorizado previamente, el cual es asignado al docente para que en nombre de la Institución imparta el proceso de enseñanza-aprendizaje bajo la guía instruccional. En este sentido, las clases dictadas bajo la modalidad virtual, utilizando las Tecnologías de Información y Comunicación TIC no escapan a esta realidad, debiendo ser planificadas con antelación y basadas en los planes diseñados específicamente para esta modalidad de estudio.

Las competencias que se desean lograr en el estudiante al culminar sus estudios no están solo fundamentadas en los contenidos programáticos o estrategias de evaluación, van directamente relacionadas con las herramientas tecnológicas aplicadas para desarrollar las actividades dentro de las aulas virtuales; tanto la institución como el docente facilitador debe tener muy claro y definido las competencias que se quieren lograr, para así no agobiar al estudiante con darle más importancia a la medio tecnológico que al contenido a aprender.

ISBN: 978-980-18-0750-6

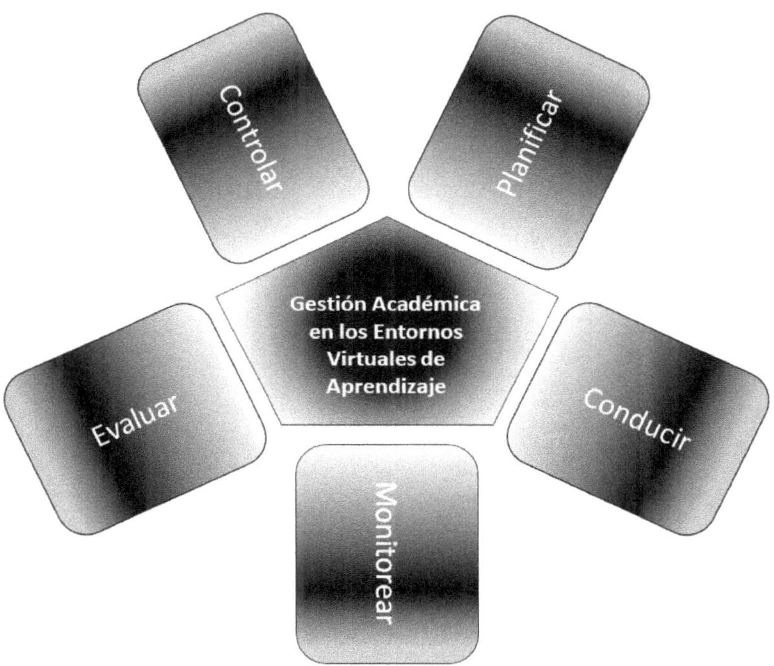

Figura 17. Representación de la estructura visual de la Gestión Académica en los Entornos Virtuales de Aprendizaje.
Fuente: Bárbara, F. (2019).

ISBN: 978-980-18-0750-6

Capítulo 6

Las Redes Sociales en favor de la Educación Virtual

Los Entornos Virtuales de Aprendizaje EVA, han permitido a los docentes virtuales organizar sus procesos académicos, que con ayuda de las Tecnologías de Información y Comunicación TIC han evolucionado la educación. A inicio del siglo XXI nos encontramos también con una evolución de las redes sociales que, basándose al igual que la educación virtual en el uso del Internet como canal de comunicación, se ponen en la vanguardia del intercambio de saberes, opiniones y contenidos, estas redes cada día se especializan más y más, dando paso a su creación de acuerdo a las necesidades de los usuarios, los cuales demandan a sus creadores de mayor manejo del contenido.

A pesar que muchos usan las redes sociales en su día a día, es interesante acudir a las investigaciones previas al tema, pudiendo examinar las definiciones y su connotación, para así poder estudiar su aplicabilidad en la educación virtual. Visto esto se encuentra en primer término la definición de redes de conocimiento que para Castellanos S. y Moreno R. (2004) "…una comunidad de personas que, de modo formal o informal, ocasionalmente, a tiempo parcial o de forma dedicada, trabajan con un interés común y basan sus acciones en la construcción, el desarrollo y la socialización de conocimientos" (p.78).

ISBN: 978-980-18-0750-6

Como vemos, el autor antes señalado da una idea muy clara de las redes de conocimiento, pero ¿Qué pasa con el canal de comunicación?, si queremos llegar a las redes sociales debemos adentrar aún más en el tema, por lo que encontramos una ampliación en Lopera H. (2000) "se trata de un grupo multidisciplinario de personas e instituciones que se asocian para investigar o desarrollar proyectos con sentido social, y para ello se apoyan en la información que aportan y fluye por redes de información, la cual es transferida a través de las redes telemáticas" (p. 9). Sin duda, la incorporación de un canal de transmisión electrónico nos lleva más lejos que la simple agrupación en un área geográfica de miembros con ideales en común.

Si bien siempre hemos asociado a las redes de conocimiento con el ámbito intelectual, nos encontramos redes de conocimiento que permiten el intercambio de experiencias, de esparcimiento, que ayudan a momentos de relajación, tal como lo indica Casas R. (Cood.) (2001) al señalar que estas redes implican tanto la formación de redes profesionales y de entrenamiento, como de redes de difusión y transmisión de conocimientos o de innovaciones, que estarían dando lugar a la formación de espacios regionales de conocimiento.

Luego de esto y entrando en materia se puede dar paso a las redes sociales y su puesta en marcha en la historia en la década de los 90 con Six Degrees y luego con el estallido del MySpace en el 2003. Ahora bien, para Santamaría F. (2008) la definición es:

Las redes sociales son una de las estructuras sociales más potentes e innovadoras para el trabajo en red, que pueden convertirse en comunidades de aprendizaje en redes de

ISBN: 978-980-18-0750-6

conocimiento (Knowledge Networking). Se ha creado una ciencia a partir del concepto "redes", que implica, por un lado, los análisis de los grafos y de redes sociales con sistemas métricos; y por otro lado, Software de análisis en redes sociales (p. 99).

No sería erróneo afirmar que las redes sociales vienen a ser una evolución de las redes del conocimiento, ahora utilizando el internet como canal de comunicación y los dispositivos móviles como ventana de acceso y colaboración a estas comunidades, las cuales nos mantienen interconectados en todo momento, que han logrado la ruptura de las barreras geográficas he incluso de las lingüísticas al crear traductores en tiempo real de los aportes de los miembros.

Ya se tiene claro entonces las redes sociales y sus participantes, ahora es interesante definir al Docente Virtual el cual es sin duda el guía en el proceso de enseñanza-aprendizaje, para lo cual se consulta a Padula, JE (2002) en su investigación y citado por Valverde J. y Garrido M. (2005), lo define de la siguiente manera:

La función tutorial, en ambientes virtuales de aprendizaje, consiste en "la relación orientadora de uno o varios docentes respecto de cada estudiante en orden a la comprensión de los contenidos, la interpretación de las descripciones procedimentales, el momento y la forma adecuados para la realización de trabajos, ejercicios o autoevaluaciones, y en general para la aclaración puntual y personalizada de cualquier tipo de duda (p. 154).

ISBN: 978-980-18-0750-6

Vemos que este autor señala a los Ambiente Virtuales de Aprendizaje, los cuales también son definidos como Entornos Virtuales de Aprendizaje EVA como son mayormente definidos en el ámbito académico que para Barajas (2003) son "…espacio o comunidad organizada con el propósito de aprender" (p.15), dichos espacios en la actualidad se valen del Internet como canal de comunicación, que lo hace accesible en cualquier parte del mundo a cualquier hora del día.

El proceso de enseñanza-aprendizaje se debe dar en un ambiente diseñado para tal fin, a pesar que se ven casos de espacios improvisados en los cuales el docente reúne a los estudiantes en lugares remotos al aula, los mismos pueden contener elementos de distracción para los participantes y por lo general también carecen de herramientas evaluativas para el docente. Estos lugares no son del todo errados o dañinos, por el contrario, pueden ser lugares complementarios al proceso, que con la guía acorde se pueden convertir en zonas de crecimiento personal y grupal.

Un ejemplo a lo afirmación anterior la encontramos en el uso de las redes sociales como herramienta complementaria al proceso, valiéndose de las características de las mismas y resaltando su potencial; usar Instagram como actividad académica en la cual los participantes puedan subir fotos o videos cortos de su quehacer diario o visita a un lugar determinado es un excelente uso de ésta red social, o usar Twitter para dar su opinión en 280 caracteres de la vivencia en una actividad de campo, son ejemplos del uso de la redes sociales en la educación.

Pero hay que estar claro que en las redes sociales el docente no puede calificar o ponderar dicha actividad,

ISBN: 978-980-18-0750-6

mucho menos realizar el proceso de enseñanza-aprendizaje, para lograr esto se vale de los EVA que si poseen estas herramientas, Por lo general estos últimos poseen pequeñas aplicaciones o Plugin que permiten que las aulas virtuales se conecten a las redes sociales, utilizándolas como parte de las estrategias evaluativas, pudiendo así aplicar desde calificaciones, sugerencias y guías a los aportes de cada uno de los estudiantes.

Como vemos los EVA son herramientas muy poderosas en el proceso de enseñanza-aprendizaje de nuestros tiempos, a pesar que ya se ha hecho la sita en capítulos anteriores, es propicio citar a Camacho N. (2008) una de las que ha estudiado en los últimos años el fenómeno de la educación virtual lo define como:

> …el conjunto de herramientas asociadas a la actividad formativa permitiendo la creación de comunidades virtuales, proporcionando los servicios con los que cada comunidad educativa se identifica, además de garantizar la integración y el enriquecimiento colaborativo de los participantes que convergen en este medio tecnológico al servicio de la educación (p. 17).

No es descabellado afirmar que los EVA vinieron para quedarse, existen otros entornos virtuales como los Cursos Abiertos Masivos en Línea (Massive Open Online Course) o MOOC por sus siglas en inglés, los cuales como indica su nombre, fueron creados para la difusión masiva de un tema determinado, pudiendo ser consultados en todo momento por un número ilimitado de participantes.

A pesar que en los EVA y en los MOOC existen tutores difundiendo el conocimiento, en el último no

ISBN: 978-980-18-0750-6

existe una interacción con los estudiantes de forma personalizada o grupal, careciendo de espacios como foros de discusión o chat, prevaleciendo el test o subida de archivo como método predilecto de evaluación. Teniendo eso presente se puede afirmar que los Entornos Virtuales de Aprendizaje son los medios idóneos para el proceso de enseñanza-aprendizaje en la Internet y que los demás como los MOOC son complementos en este proceso que pueden ayudar a difundir el conocimiento de forma masiva pero no personalizada, sin garantizar la transmisión del conocimiento.

Para ampliar los conocimientos sobre los MOOC se puede citar a Bartolome A. Steffens K. (2015) el cual los define de la siguiente manera:

> Los MOOC son considerados una nueva forma de entornos virtuales de aprendizaje potenciados por la tecnología. Se consideran dos tipos de MOOC: unos los organizados por Siemens y Downes (cMOOC) y otros los desarrollados en lugares como Stanford, con muchos estudiantes y loables objetivos (xMOOC); estos tienen también sus debilidades. Aunque han sido recibidos con altas expectativas, también han encontrado una fuerte oposición que está aumentando con el tiempo. Los MOOC pueden constituir una buena propuesta a gran escala, lo que solo es posible para unas pocas grandes instituciones (p. 91).

Los MOOC están siendo usados dentro de las redes de conocimiento como instrumento de difusión masiva de información, que por sus características pueden ser usadas

ISBN: 978-980-18-0750-6

en diferentes plataformas informáticas que conllevan a un acceso de forma casi instantánea desde dispositivos móviles, sin embargo, como ya se ha visto no pueden ser denominadas redes sociales por la carencia de una comunidad como tal, o por la falta de propiedades específicas que las haga atractivas a los usuarios.

No todas las redes sociales que conviven en el Internet son iguales, vemos a Instagram que su mayor virtud es el manejo de imágenes, al Twitter con textos cortos de hasta 280 caracteres, e incluso Facebook con su controversial plataforma multi funcional. Debemos saber que una característica fundamental de las redes sociales es su interacción entre usuarios, dando la ventaja a los registrados en dicha comunidad que pueda realizar búsquedas entre los miembros, aplicando diferentes criterios, categorías o intereses; esto es bueno resaltar, puesto que se tiende a confundir redes sociales con aplicaciones de mensajería instantánea como WhatsApp, en la cual los usuarios si bien se registran, no pueden hacer búsquedas entre los usuarios registrados.

En la actualidad redes como YouTube, Instagram, Twitter, Facebook entre otras son usadas como centros de enseñanza, olvidando las características propias de un EVA para logra esto y solo basándose en las bondades de cada red social para difundir un contenido determinado, lo que si es cierto es que todas facilitan el intercambio de información entre sus miembros y la búsqueda determinada, dos acciones que por demás son el atractivo principal.

Las redes sociales son medios poderosos de intercambio de información y que pueden ser incorporados en el proceso de enseñanza-aprendizaje, a través de los EVA y la guía de un docente capacitado para tal fin, pero nunca podrán ser utilizados como único

ISBN: 978-980-18-0750-6

medio de transferencia de conocimiento, puesto que carece de las herramientas didácticas acordes para lograr un aprendizaje conforme a las exigencias profesionales y reales del mercado laboral.

Por otra parte, los MOOC siempre serán un apoyo al sistema de educación virtual en el cual se encuentra un docente y sus estudiantes, pero no garantiza la interacción entre ellos o entre sus pares, por lo que debe ser catalogado como una herramienta complementaria al proceso de transferencia de conocimiento y nunca ser catalogado como el único medio para lograr tal fin.

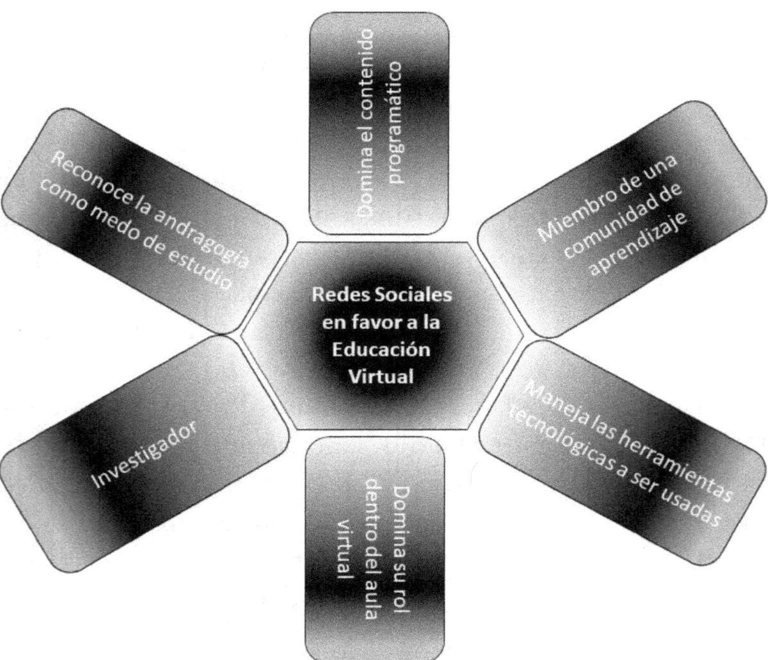

Figura 18. **Representación de la estructura visual de las Reders Sociales en favor de la Educación Virtual.**
Fuente: Bárbara, F. (2019).

ISBN: 978-980-18-0750-6

Capítulo 7

Aprender desde la lejanía

En el ámbito académico la educación a distancia ha jugado un rol importante para la formación de profesionales que se encuentran alejados de su centro de estudio, permitiéndole adquirir esos conocimientos que tanto requiere en su formación profesional. La educación a distancia no es nueva, planteada desde los inicios como una educación remota, en la que los profesores, por no encontrarse frente al estudiante enviaban a los mismos los conceptos reflejados en apuntes, junto con la forma de aplicar esos conceptos de forma práctica por medios escritos representados en libros, manuscritos, entre otros.

Se recuerda en el sigo XX la educación a distancia, que usaba el correo postal como canal de comunicación, esta forma tan popular rompía las fronteras geográficas impuestas por el hombre, teniendo como contra la tardanza del correo para transportar la interacción del estudiante con el docente y por ende de estos dos actores con la institución. La aparición del internet abrió un nuevo canal de comunicación a favor de la educación a distancia, dando la posibilidad de interactuar casi de forma instantánea, llevó a la creación de un espacio acorde para esta interacción denominados Sistema de Gestión de Aprendizaje que albergan las llamadas Aulas Virtuales o Entornos Virtuales.

Ni el idioma es barrera para la interacción, puesto que en la red de redes ya se encuentran traductores que en tiempo real facilitan la comunicación, más aún, las videos-

ISBN: 978-980-18-0750-6

conferencias nos ponen cara a cara a las partes, si se habla de virtualidad no se puede dejar de mencionar los espacios o comunidades virtuales, que nos crean un mundo totalmente nuevo, utópico y gerenciado por sus propias reglas. Los encargados de gerenciar la educación virtual cada día tienen más y más herramientas para lograr su propósito, pareciera que no tiene límites la aplicabilidad de la virtualidad en la educación.

Una inquietud de todo estudiante que inicia sus estudios de forma presencial y que por cualquier motivo requiere ausentarse físicamente de su centro de estudio es la paralización de su formación profesional, para dar respuesta a esto es que las instituciones de educación han implementado la educación virtual como alternativa. Para muchos la virtualidad se ha convertido en un modo de vida, donde su participación es el único medio de comunicación tanto con sus homólogos como con el docente o la institución de educación, este mundo virtual es más que una simple aula virtual, es un espacio para socializar con foros establecidos para tal fin.

A menudo la educación a distancia crea un vínculo con la tierra del estudiante que se encuentra en otras latitudes, añorando su regreso, esta interacción con sus coterráneos lo hacen susceptible a cometer errores al confundir su plataforma de educación con una plataforma de interacción sentimental, desviando la atención primordial que es aprender, tratando temas propios de la cátedra en curso.

Otro caso es el de aquellas personas que a través de la educación virtual logra la interacción con participantes de otras tierras, que hacer enriquecedor su experiencia formativa, pudiendo no solo captar pensamientos distintos, sino también, comportamientos, modismos e incluso saberes propios de su lugar de estadía;

ISBN: 978-980-18-0750-6

definitivamente, aprender fuera de su tierra sin salir de ella o aprender en su tierra no estando en ella, es una experiencia que solo brinda la educación virtual y debemos ser parte de ella en algún momento.

El hombre es un ser netamente sociable, que requiere interactuar con sus pares para poder desarrollarse, la educación virtual está basada en la creación del conocimiento de forma constructivista, tal es planteada Teoría Conectivista de Siemens (2004) que abordamos en el capítulo 5 de este libro. No olvidemos que las aulas virtuales son espacios idóneos para el intercambio de saberes entres los sus miembros, los cuales crean una sociedad del conocimiento que es gestionada por el docente bajo los lineamientos de la institución de educación, esta última como garante del proceso de enseñanza-aprendizaje.

La transición del estudiante del mundo presencial al mundo virtual sin la debida formación y comprensión puede crear una frustración y una sensación de soledad, se debe tener presente que los miembros que hacen vida dentro del aula virtual tienen sus actividades cotidianas; sus estudios virtuales son solo una actividad más de las tantas que realiza, es por esto que debe crear un calendario de actividades donde se le dé es espacio y tiempo adecuado para la actividad formativa.

Si bien el estudiante virtual puede realizar una intervención (llámese consulta o participación) en cualquier momento, también es cierto que sus compañeros de aula (homólogos o docente) debieron organizar su tiempo para sus actividades dentro del aula virtual, esto lleva a que no siempre la respuesta a dicha intervención se da en el tiempo que el estudiante pretende que se haga, esto puede llevar a una sensación de soledad dentro del aula virtual por parte del estudiante.

ISBN: 978-980-18-0750-6

Un error muy común entre los miembros del aula virtual (estudiantes y docentes) es el intercambio de medios alternativos de comunicación, que los ayude en una eventual caída del sistema a mantenerse conectados; esto es sin duda una forma de frustración, miedo y desconocimiento de las bondades de los sistemas de gestión de aprendizaje donde están albergadas las aulas virtuales, al buscar medios como la mensajería instantánea o el uso de correos desvía al objetivo del aula virtual, creando un vacío en el registro de esa comunicación extra aula virtual, que conlleva a una "no participación en el aula", recordemos que el aula virtual es parte de la institución de educación, toda actividad dentro de la misma es registrada y puede ser revisada y auditada si se requiere, si se deja de participar en ella para crear una participación extra aula virtual, la misma no podrá ser avalada por la institución de educación y por ende carece de validez es nula en el proceso de enseñanza-aprendizaje.

Para evitar esta soledad del estudiante, se debe estar consiente que una de las virtudes de la educación virtual puede ser frustrante para el que no la comprenda o el que esté alejado de sus principios, el cual es que las aulas virtuales deben estar disponibles las 24 horas del día los 365 días del año, pudiendo los miembros participar en cualquier momento desde cualquier lugar del mundo, de acuerdo a sus necesidades, calendario de actividades y recursos. Si se tiene conciencia de que en cualquier momento se puede hacer una intervención dentro del aula virtual, la sensación denominada "soledad del estudiante" es minimizada, e incluso superada y hasta ridiculizada.

Cuando hablamos del internet es inminente referirse a la globalización, a la virtualidad, a la eliminación de las fronteras físicas establecidas por el hombre, al conocimiento universal, a la libertad, entre otras cosas;

ISBN: 978-980-18-0750-6

ahora bien, tomando algunos de ellos y aplicándolo a favor de la docencia virtual, podemos decir que la universalidad del conocimiento al cual se tiene acceso desde la web es sin duda alguna una de las fortalezas a la hora de escoger la virtualidad como modo de aprendizaje.

La factibilidad de tener acceso a las aulas virtuales desde cualquier parte del mundo de forma inmediata es otra de las características fundamentales que se debe resaltar, poder participar en un foro o debate con tus homólogos y responder un cuestionario dentro de tu aula virtual mientras esperas en la terminal del aeropuerto es algo que sin duda alguna facilita el aprendizaje, poder acceder a la biblioteca de España mientras se encuentra en las playas del caribe para consultar una literatura de un autos argentino que es necesario para para sustentar un escrito que se está haciendo con compañeros que se encuentran por ejemplo en México, es una enorme ventaja que solo el internet puedo lograr.

Esto sin mencionar la ventaja trabajar de forma asíncrona, donde cada miembro de la comunidad se conecta, interviene y da sus aportes en el momento que más le convenga, pudiendo hacerlo a las tres de la mañana hora de Madrid, cuando sus homólogos de Panamá tienen la nueve de la noche, ambos desarrollando sus actividades que puede que tenga fecha tope de entrega para la siguiente semana.

Sin duda alguna, se puede afirmar que estudiar desde la lejanía utilizando el internet como plataforma de comunicación y apoyado en los Sistemas de Gestión de Aprendizaje que alberga las Aulas Virtuales es la solución para muchas personas que por su dinámica diaria no pueden tener acceso a la educación presencial que está regida por un horario y un lugar físico establecido, donde su presencia es obligatoria, rígida y permanente.

ISBN: 978-980-18-0750-6

Si hablamos de costos operativos para los participantes, vemos otra de las grandes bondades de aprender desde la lejanía, puesto que ahora se podrá cursar por ejemplo un master que es dictado al otro lado del mundo sin salir de casa, ahorrando desde traslados, hospedajes, seguros, entre otros gastos; con solo la inversión de matrícula establecida por la institución de educación y gastos de conexión a la red de redes llamada internet.

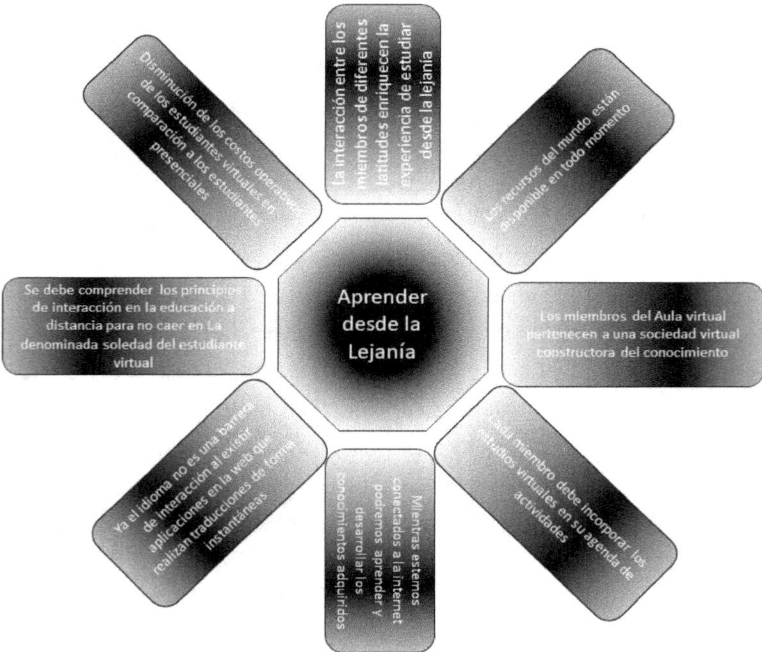

Figura 19. **Representación de la estructura visual de Aprender desde la Lejanía.**
Fuente: Bárbara, F. (2019).

ISBN: 978-980-18-0750-6

Capítulo 8

Recomendaciones a las partes intervinientes en la Docencia Virtual

Crear algunas recomendaciones o sugerencias a las partes intervinientes al proceso educativo virtual es el fin último de este libro creando una conciencia del proceso mismo y dejando un aporte significativo al ámbito investigativo y a toda persona que desee incursionar o trabajar con la docencia virtual; las mismas ha sido recogidas a lo largo de más de diez años experiencia en los estudios virtuales a nivel universitario. Se puede mencionar un sin fin de recomendaciones que abarcarían diferentes momentos del proceso de enseñanza-aprendizaje, sin embargo, aquí solo se mencionan las consideradas las más relevantes por el autor.

En General

Mantener un lenguaje neutral es muy importante al momento de interactuar dentro del aula virtual, donde no exista agresión a ninguna de las partes, sabiendo que el hecho de estar en internet no significa que se está fura de la institución de educación, por lo contrario, las aulas virtuales son parte de la institución y en las mismas se aplican reglamentos y protocolos de conducta avalado por las autoridades académicas y administrativas, al igual que

ISBN: 978-980-18-0750-6

normas, reglamentos y leyes de educación del país donde está registrada la institución de educación.

Respetar la ortografía y redacción al momento de dar algún aporte dentro del aula virtual se hace indispensable, recordar que usar mayúsculas sostenida representa en la presencialidad gritar, o el uso de modismos o palabras locales o coloquiales pueden ser ofensivas para personas de otras latitudes; mantener un decoro dentro del aula es fundamental para cualquiera de las partes.

Siempre tener su dispositivo de comunicación (PC, Table, Portátil, Teléfono Inteligente, entro otros) actualizado y libre de virus informáticos, que pudieran causar problemas en el proceso de enseñanza-aprendizaje, esto es fundamental, ya que es la herramienta que se tendrá para poder acceder a las aulas virtuales y para realizar sus actividades.

Debe tener en cuenta, todo lo que está en el internet no siempre es real, se recomienda siempre tener acceso a fuentes primarias, secundarias o terciarias con reconocimiento académico y científico que cumplan con los estándares nacionales e internacionales.

Estudiantes Virtuales

Ser consciente de su aprendizaje, teniendo en cuenta la andragogía como proceso principal de su educación, el internet como canal de comunicación y la virtualidad como estrategia de aprendizaje se convertirá en su mejor herramienta. El estudiante es el que escoge la forma en la cual desea aprender.

Recuerden que la fecha y hora de entrega de sus actividades, es tope y podría ser entregada en cualquier momento, desde que el docente realiza su activación, el

ISBN: 978-980-18-0750-6

no dejar para mañana lo que pueden hacer hoy es la clave del éxito.

Debe tener presente que el docente se está presto a ayudarle, no deje de consultarle a él tus dudas, a pesar que sus compañeros o pares puedan apoyarle, su docente es el guía en el proceso de enseñanza-aprendizaje.

Tener conocimientos del uso de las Tecnologías de la Información y la Comunicación TIC aplicados al aprendizaje, es indispensable para establecer sus competencias tecnológicas iniciales que lo catalogará como estudiante virtual.

Cualquier momento es bueno para aprender, debe organizar sus prioridades tanto personales, laborales y académicas para poder darle el espacio apropiado a su formación.

Docentes Virtuales

Debe estar convencido que la educación virtual es la herramienta idónea para satisfacer las necesidades de sus estudiantes, su convencimiento es fundamental para que exista una fluidez en la interacción con los estudiantes y con la institución, todo docente es un investigador nato, en constante formación y adecuación de las tecnologías existentes al proceso de enseñanza-aprendizaje que lidera.

Las actividades sumativas dentro del proceso de enseñanza-aprendizaje virtual deben ser asíncronas, mientras que las actividades formativas podrán ser síncronas y asíncronas; manteniendo de esta forma la filosofía de acceso en cualquier momento y desde cualquier lugar que tanto es apreciada por las partes intervinientes.

Debe atender los requerimientos de los estudiantes, tanto a nivel de las herramientas tecnológicas como del

ISBN: 978-980-18-0750-6

contenido programático que se presenta en los Entornos Virtuales de Aprendizaje EVA.

Has herramientas tecnológicas que se les piden usar a los estudiantes deben estar enmarcadas tanto en la política de las instituciones de educación como en las estrategias evaluativas propias de la educación virtual, teniendo las mismas un fin al ser usadas.

Al asumir la docencia virtual, el docente se compromete en atender de la mejor forma a sus estudiantes, brindándoles la mejor atención, siendo consiente de su rol de facilitador del proceso de enseñanza-aprendizaje virtual.

Instituciones de Educación

Debe crear políticas de actualización tecnológicas tanto para los docentes como para los estudiantes, esto permitirá la incorporación de nuevos miembros al proceso de enseñanza-aprendizaje virtual y un mejoramiento tecnológico a los existentes.

Crear su filosofía propia del proceso educativo asistido por computadores, que lleve a una identificación tanto con la educación virtual como con la institución a los estudiantes y docentes que hacen vida activa, es una labor apreciada por las partes y por los entes rectorales, dicha filosofía trae una imagen con personalidad propia a los estudios a distancias, pero sin perder el su engranaje dentro de la academia.

Nunca deben asignar una catedra a un docente no capacitado para la virtualidad, esto puede dañar no solo al estudiante, sino también, la imagen que quiere dar la institución de educación al mundo; recordemos que un buen docente presencial no necesariamente es un buen docente virtual, esto es aplicable en sentido contrario.

ISBN: 978-980-18-0750-6

La estabilidad de los Sistema de Gestión de Aprendizaje donde se encuentran albergadas las aulas virtuales, en vital, su acceso las 24 horas del día, los 365 días del año se debe garantizar, tomando todas las previsiones necesarias para evitar una caída o suspensión no programada.

Para garantizar que el Contenido Académico de los EVA coincidan con los Contenidos Programáticos de los Programas Instruccionales de la Institución de Educación, los mismos no podrán ser modificados, adaptados o alterados por parte de los docentes. La Institución de Educación debe estar en contante supervisión para garantizar su cumplimiento.

La institución de Educación debe ofrecer acceso a una Biblioteca Virtual a sus estudiantes virtuales, donde se encuentren obras con apego académico y científico; de la misma forma que es ofrecida a los estudiantes presenciales; garantizando así la igualdad de recursos al estudiante.

El éxito de un docente es el éxito de la institución, en tal sentido, debe impulsar los procesos investigativos y formativos de sus docentes, valorando los conocimientos que los mismos poseen en el ámbito educativo virtual y atender sus recomendaciones.

ISBN: 978-980-18-0750-6

Referencial

Adams, F. (2004). Andragogía. Universidad Nacional Abierta, Octava edición, 2008.

Arrufat G. y Jesús M. (2007). Las funciones Docentes Presenciales y Virtuales del Profesorado Universitario. Teoría de la Educación. Educación y Cultura en la Sociedad de la Información E-ISSN: 1138-9737.

Bartolomé, A. y Steffens, K. (2015). ¿Son los MOOC una Alternativa de Aprendizaje?, COMUNICAR: Revista Científica Iberoamericana de Comunicación y Educación, N° 44, 2015, págs. 91-99, ISSN 1134-3478, recuperado de https://dialnet.unirioja.es/servlet/articulo?codigo=49 04438, el 15-12-2018.

Barajas, L. (2003). El aprendizaje virtual. Enseñar y Aprender en la Era Digital. Rosario. Argentina: editorial Homo Sapiens.

Camacho, N. (2008). Entorno Virtual de Aprendizaje para la administración B-Learning del curso Didáctica de la Educación Técnica del Subprograma de Maestría en Educación Técnica del Postgrado de la UPEL-IPB, Trabajo de Grado de Maestría en la Universidad Pedagógica Experimental Libertador – Instituto Pedagógico de Barquisimeto "Luis Beltrán Prieto Figueroa", Lara - Venezuela.

Canelones, M. (2004). Planificación de la Instrucción, Universidad Nacional Abierta UNA, 2004 UNE-EU-04.

Casas, R. (Cood.) (2001). La formación de redes de Conocimientos. Una Perspectiva Regional desde

ISBN: 978-980-18-0750-6

México. Edición Antrophos, IISUNAN, México. Impresión EDIM S.C.C.L. Barcelona, España, ISBN 84-7658-603-5, recuperado de https://books.google.es/books?hl=en&lr=&id=JAQ PWjKGD-cC&oi=fnd&pg=PA7&dq=La+formaci%C3%B3n+ de+redes+de+conocimientos.+Una+perspectiva+reg ional+desde+M%C3%A9xico&ots=0RKpot4Nf0&si g=3c8EkOmmrEXUPKXSbbhOMyhiQZc#v=onep age&q=La%20formaci%C3%B3n%20de%20redes%2 0de%20conocimientos.%20Una%20perspectiva%20r egional%20desde%20M%C3%A9xico&f=false, [recuperado, diciembre 2018].

Castellanos, S. y Moreno, R. (2004). Definición de un Modelo de Redes de Conocimiento como Soporte a la Transferencia de Conocimiento Generado en Cluster de Investigación. CIDLIS: Revista del Centro de Innovación y Desarrollo para la Investigación en Ingeniería del Software. Universidad Industrial de Santander. Vol. 2 N° 2, págs. 77-78, ISSN: 2027-8330 (WEB).

Chiavenato, I. (2.006). Introducción a la teoría general de la administración Edición breve. Editorial McGraw – Hill Interamericana. Colombia.

Delgado, M. (2008). Los Contenidos Programáticos y la Formación Integral en el diseño Curricular, Revista Posgrado y Sociedad, Sistema de Estudios de Posgrado Universidad Estatal a Distancia, ISSN 1659 – 178X, Costa Rica.

FATLA (2004). Fundación para la actualización tecnológica de Latinoamérica. Disponible en: http://fatla.org. [consultado, agosto 2019].

Fayol, H. (1950). Administracao Industrial e Geral. Sao Paulo Editoras Atlas.

ISBN: 978-980-18-0750-6

Fuentes, M. (2010). La Gestión del Conocimiento en las relaciones académico-empresariales. Un nuevo enfoque para analizar el impacto del conocimiento académico. Tesis Phd. Universidad Politécnica de Valencia, España.

Infante, T. (2006). Plan estratégico de sistemas de información para la dirección de admisión y control de estudios de la UCLA. Trabajo de Grado presentado como requisito para optar al Título de Magíster Scientiarum. Mención: Gerencia Empresarial. [Consultado, enero 2009].

García, N. (Dir.) y otros (2004): Guía para la labor tutorial en la Universidad en el Espacio Europeo de Educación Superior. Proyecto del programa de Estudios y Análisis de la Dirección General de Universidades del MECD, Disponible en: www.ucm.es/info/mide/docs/informe.htm. [consultado, septiembre 2018].

Guédez, V. (2004). La Ética Gerencial. Instrumentos Estratégicos que facilitan decisiones correctas. Tercera Edición, (1° reimpresión) Trabajo original publicado en 2001. Editorial planeta. Caracas.

Infante, T. (2006). Plan estratégico de sistemas de información para la dirección de admisión y control de estudios de la UCLA. Trabajo de Grado presentado como requisito para optar al Título de Magíster Scientiarum. Mención: Gerencia Empresarial. [Consultado, enero 2009].

Lopera, H. (2000). Integración de Redes de Conocimiento: Una Responsabilidad de la Biblioteca Universitaria. Ponencia presentada en el Sexto Congreso Nacional de Bibliotecología y Documentación, ASCOLBI Bogotá, Julio 4-7 de 2000, recuperado de

ISBN: 978-980-18-0750-6

https://core.ac.uk/download/pdf/11878435.pdf, [Recuperado, diciembre 2018].

Manual de Andragogía de la Universidad Nacional Abierta UNA (2004).

MEN (2012). Guía de Evaluación para el Mejoramiento Institucional, Ministerio de Educación Nacional de la república de Colombia.

Merrian s., Caffarella R. y Baumgartner L. (1991). Learning i adulthood: A Comprehensive guide. San Fransisco: jossery-Bass, ISBN-13: 978-07875883, ISBN-10: 0787975885.

Padua Perkins, J.E. (2002). Contigo en la Distancia. El Rol del Tutor en la Educación no Presencial. Colaboración publicada en UNED: Universidad de Educación a Distancia, recuperado de https://www2.uned.es/catedraunesco-ead/publicued/pbc08/pbc8.htm, [Recuperado, diciembre_2018].

PEDRÓ, F. (2006). Aprender en el nuevo milenio: Un desafío a nuestra visión de las tecnologías y la enseñanza. *Documento OECD-CERI.*

PRENSKY. M. (2001). Digital natives, digital immigrants. En *The Horizon*, ISSN: 1074-8121, Vol, 9 N°5, pp 1-6. http://doi.org/10.1108/10748120110424816. [Recuperado, agosto 2019].

Rama, C. (2006). La Tercera Reforma de la Educación Superior en América Latina, Buenos Aires, Fondo de Cultura Económica.

Santamaría F. (2008). Redes Sociales y las Comunidades Educativas. TELOS: Revista Cuadernos de Comunicación, Tecnología y Sociedad, 2008 JUL-SEP; Vol. 76, págs. 99-109, ISSN 0213084X, recuperado de https://publiadmin.fundaciontelefonica.com/index.p hp/publicaciones/add_descargas?tipo_fichero=pdf&i

ISBN: 978-980-18-0750-6

dioma_fichero=_&title=TELOS+76&code=291&lang=es&file=telos_76.pdf&_ga=2.223469394.879655732.1544896168-1714207653.1543771725, [Recuperado, diciembre 2018].

Silvio J. (1992). Centro Regional de la UNESCO para la Educación Superior en América Latina y el Caribe (CRESAL.C). Caracas, Venezuela.

Silvio, J. (2004). El Liderazgo en la gestión de la calidad de la calidad de la educación a distancia como innovación, AIESAD RIED 7 (1/2) ISSN: 1138-2783, pp 17-39, http://revistas.uned.es/index.php/ried/article/view/1073/989, [Recuperado, septiembre 2019].

Siemens, G. (2004). Traducido por Diego E.Leal Fonseca (2007),Conectivismo: una teoría de aprendizaje para la era digital; Creative Commons 2.5; tomado de http://www.diegoleal.org/docs/2007/Siemens(2004)-Conectivismo.doc, [Recuperado, junio 2018].

TAPSCOTT, D. (1998). Growing up digital: The rise of the net generation. New York: McGraw-Hill.

Valverde J. y Garrido M. (2005). La Función Tutorial en Entornos Virtuales de Aprendizaje: Comunicación y Comunidad, LELATEC: Revista Latinoamericana de Tecnología Educativa, Vol. 4 N° 1, 2005, págs. 153-167, ISSN-e 1695-288x, recuperado de https://dialnet.unirioja.es/servlet/articulo?codigo=1303758, [Recuperado, diciembre 2018].

ISBN: 978-980-18-0750-6

Sobre el Autor

T.S.U. en Contabilidad Computarizada, egresado del Colegio Universitario Fermín Toro. Lcdo. en Administración mención Informática, egresado de la Universidad Nacional Experimental Simón Rodríguez. MSc. en Gerencia de las Tecnologías de Información y Comunicaciones, egresado de la Universidad Nacional Experimental Politécnica de la Fuerza Armada. Para octubre del 2019 es cursante del Doctorado en Ciencias de la Educación, en la Universidad Fermín Toro. Formador de Tutores Virtuales, avalado por la Organización de Estados Americanos. Ponente y conferencia en Congresos Nacionales e Internacionales. Docente de Pregrado y Postgrado en diversas universidades como: UNEFA, IUJO, UNESR, UFT, UNY. Autor de publicaciones en revistas arbitradas e indexadas como: Campus Virtual UFT, SCIENTIARUM UFT, REDINE UCLA, TERÉ UNESR. Tutor y asesor de Trabajos de Grado. Ha ejercido cargos administrativos en diferentes universidades como: Jefe de Estudios a Distancia de la Universidad Fermín Toro, Director de Estudios a Distancia de la Universidad Yacambú, Director de Extensión Universitaria de la Universidad Fermín Toro, Director de Fundación Aula Virtual, entre otros. Asistió a conferencias internacionales con: Robert Kiyosaki, John Maxwell, Anthonny Robbins, Camilo Cruz, Randy Gage, Richard Branson, entre otros. Correo electrónico fernandojafer@gmail.com.

ISBN: 978-980-18-0750-6

Sobre la Portada

La educación ha encontrado un aliado incondicional en el Internet, unidos logran lo impensable a mediados del siglo XX, lo cual era romper las barreras geopolíticas impuestas por los hombres, e incluso las diferencias de idiomas fueron rotas. Para representar la unión de estos mundos un una gráfica, el artista ha utilizado los colores y figuras representativas de ambos, teniendo el verde como color insignia en la educación y el azul característico del mundo virtual, unidos crean la combinación perfecta de la educación virtual, esta unión la vemos en el símbolo característico del pulsar touch, donde el azul externo da el mundo virtual encontrado en el internet, va cambiando de tono mientras se adentra, hasta llegar al verde característico de la educación, sobre ellos se encuentra representada la red de redes con nodos sobre el globo terráqueo, los cuales representan cada miembro de una red y con características propias, aun así, pertenecientes a una gran comunidad ansiosa de conocimientos; fue usada la tipografía denominada Garamond en todo el libro, la cual es Romana Antigua diseñada por Claude Garamond en el siglo XVI en Francia, para el uso en medios impresos, fue votada como la tipografía del milenio en una encuesta celebrada entre profesionales. Existe un perfecto equilibrio entre elegancia y sentido práctico, ideal tanto para medios impresos como digitales.

ISBN: 978-980-18-0750-6